高等学校经管类专业仿真综合实习丛书

进出口贸易
仿真综合实习教程

主编 邓 路 副主编 刘 娟 陈 燕

JINCHUKOU MAOYI
FANGZHEN ZONGHE SHIXI JIAOCHENG

经济科学出版社
Economic Science Press

图书在版编目（CIP）数据

进出口贸易仿真综合实习教程/邓路主编．—北京：经济科学出版社，2010.6

（高等学校经管类专业仿真综合实习丛书）

ISBN 978-7-5058-9293-4

Ⅰ.①进… Ⅱ.①邓… Ⅲ.①进出口贸易-高等学校-教材 Ⅳ.①F740.4

中国版本图书馆CIP数据核字（2010）第070657号

责任编辑：赵　敏　张建光
责任校对：徐领柱
版式设计：代小卫
技术编辑：邱　天

进出口贸易仿真综合实习教程
主编　邓　路
副主编　刘　娟　陈　燕
经济科学出版社出版、发行　新华书店经销
社址：北京市海淀区阜成路甲28号　邮编：100142
总编部电话：88191217　发行部电话：88191540
网址：www.esp.com.cn
电子邮件：esp@esp.com.cn
汉德鼎印刷厂印刷
永胜装订厂装订
787×1092　16开　14.5印张　250000字
2010年6月第1版　2010年6月第1次印刷
印数：0001—3000册
ISBN 978-7-5058-9293-4　定价：21.00元
（图书出现印装问题，本社负责调换）

高等学校经管类专业仿真综合实习丛书编委会

总　序

新旧世纪之交，我国高等教育面临两大挑战：一是知识经济大潮在世界各地涌动，这一大潮对我国也产生了强烈的冲击，体现在高等教育领域，便是对创新型人才需求量的迅速增长；二是我国高等教育从精英教育阶段迅速向大众化教育阶段转化，高校的人才培养重心下移，越来越多的高校毕业生走向企业，走向基层，走向社会经济工作的第一线，也就是说，应用型人才在高校所培养的人才中所占比重越来越大。顺应这一变化，我校以跨专业综合实验教学、校内仿真实习、校内创新创业实践为主要着力点，不断深化实验实践教学改革，在经管类应用型本科人才培养模式创新方面进行了卓有成效的探索，从而大大提升了我校经管类本科人才的培养质量，形成了我校的办学优势与特色。

一、实验实践教学改革要践行先进教育教学理念

理念是行为之魂。没有先进的理念，就没有先进的实践。实验实践教学改革的过程，也就是践行先进教育教学理念的过程。实验实践教学改革的成果，也就是践行先进教育教学理念的结晶。教育教学理念偏离了正确的轨道，实验实践教学改革也会步入歧途。

（一）实验实践教学必须坚持与理论教学相结合

理论教学有一个如何与实践相结合的问题，实验实践教学也有一个如何与理论教学相结合的问题。理论与实践相结合作为一个普遍性原则，既贯穿于理论教学过程中，也贯穿在实验实践教学过程中。有的同志将实验实践教学目的仅仅归结为增强学生的实践能力，这种认识无疑是理论教学与实践教学脱节问题的另一种表现。实验实践教学固然要增强学生的实践能力，但也是理论教学在实践领域的继续，承

担着加深学生对理论的消化、理解，实现从理性的抽象向理性的具体转化和知识意义建构的任务。实验实践教学内容必须体现理论对实际的指导，必须有助于学生获得丰富的理论启示，必须合乎增强学生的知识运用能力特别是知识综合运用能力的要求。简言之，实验实践教学内容必须具有理论性，理论性的强弱则因教学目标要求的差异而异。

（二）实验实践教学必须坚持知识、能力教育与素质教育相结合

实验实践教学既是传授知识和开发锻炼学生能力的过程，也是提升学生综合素质的过程。实验实践教学必须充分体现思想、心理、道德教育的要求，不能见物不见人，见智商教育不见情商教育。知识、能力教育与素质教育相结合不仅要贯穿在教学内容中，也要贯穿在实验室文化环境建设和课外活动中，还要贯穿在教师的指导、点评中，通过实验实践教学，使学生获得全面提升自身素质的机会。

（三）实验实践教学必须坚持学生主体作用与教师主导作用相结合

在现代信息技术广泛运用于教育教学领域以前，学生获取知识的主要媒介是教师，由此形成“教为中心，而不是学为中心”、“教师为主体，而不是学生为主体”的传统教育教学模式。而在现代信息技术广泛运用于教育教学领域的今天，知识获取途径多元化，学生的主体地位已经显现，传统教育教学模式被“学生为主体，教师为主导”的教育教学模式所取代成为历史的必然。与其相应，教师的任务不仅是向学生传授知识，而且要搭建一个使学生能够多渠道地获取知识、多渠道地开发锻炼学生的能力、最大限度地展现学生创造力与才华的平台。

（四）实验实践教学必须坚持三大课堂相结合

教育教学活动按空间属性的不同可划分为三大课堂：第一课堂是指按照教学计划的要求，学生在教师的组织下与预定的时空内所进行的一种程序化的教育教学活动；第二课堂是指学生根据自身的兴趣、爱好，独立地或在教师的引导或指导下自主开展的一种非程序化的校内教育教学活动；第三课堂是指按照教学计划或在教学计划之外由教师组织或学生自主开展的一种校外教育教学活动。第一课堂是学生获取知识、增强能力、提高素质的主渠道。第二、第三课堂是第一课堂的必要延伸、辅助与补充。人才培养不能只靠第一课堂，也需要第二、第三课堂，必须树立全方位、立体化的育人观念，强化三大课堂的整合意识。

传统技术基础上的三大课堂整合，无一例外都是在三维实体空间内进行的。现代网络信息技术基础上的三大课堂整合不仅在四维实体时空内进行，也在网络虚拟时空内进行。正是虚拟课堂、虚拟实验室、虚拟经济组织、虚拟市场、虚拟学生社团等的出现，三大课堂才能够突破有限时空的限制，得以在更大的时空尺度内展开。故此，在继续发挥传统技术对三大课堂整合积极作用的同时，必须高度关注与充分发挥现代信息技术对三大课堂整合的支撑作用，在传统技术与现代技术有机结合的基础上将三大课堂整合提升到一个新的高度。

二、经管类应用型本科人才培养目标与实验实践教学功能定位

进行实验实践教学改革不仅要践行先进的教育教学理念，还要进行与人才培养目标相吻合的功能目标定位。实验实践教学的功能目标定位不准确、不清晰，非但难以提升人才培养质量，反而可能降低人才培养质量。在进行经管类应用型本科专业实验实践教学功能定位时，我们特别强调以下两点：

（一）实验实践教学改革必须充分体现应用型本科人才培养要求

有的同志认为，应用型人才仅需具备应用、实操能力，无须具备创新、研究能力。在笔者看来，该种认识的片面性在于把外延十分丰富的“创新”仅仅理解为“知识创新”或“理论创新”。实际上，创新既可以从知识、理论层面去把握，也可以从手段、工具层面去把握，还可以从实际操作层面去把握。就知识、理论层面而言，创新包括基础知识或基础理论创新、应用知识或应用理论创新；就手段、工具层面而言，创新包括技术、手段、工具和方法创新；就实际操作层面而言，创新包括操作技艺和操作技巧创新。研究不必然导致创新，但创新必离不开研究。基础理论创新的前提是基础理论研究，应用理论创新的前提是应用理论研究，技术手段、工具、方法创新的前提是技术手段、工具、方法研究，操作技艺、技巧创新的前提是操作技艺、技巧研究。对“创新”的狭隘理解必然导致对“研究”的狭隘理

解。不少同志将研究能力视为研究型人才的专有能力，将研究能力的培养视为研究型人才培养的特殊要求。鉴于对“研究”、“创新”的全方位审视，不难得出以下结论：研究型人才抑或应用型人才都必须具备研究、创新能力，研究型人才培养抑或应用型人才培养都必须有增强其研究、创新能力的要求。

当然，这丝毫不意味着可以忽略不同类型人才研究、创新能力的差异。基础理论研究型人才侧重具有的是基础研究创新能力，应用理论研究型人才侧重具有的是应用理论研究创新能力，本科应用型人才侧重具有的是应用技术、手段、工具、方法研究创新能力，高职高专应用型人才侧重具有的是操作技艺、技巧研究创新能力。我院作为一所以培养应用型本科人才为主的地方院校，无疑应侧重开发学生的应用技术、手段、工具、方法的研究创新能力，辅以开发学生的应用理论研究创新能力。

（二）实验实践教学改革必须体现经管类本科应用型人才培养的要求

经管类本科应用型人才作为本科应用型人才的特类，不仅应具备本科应用型人才一般的知识、能力与素质结构，而且应具备经管类本科应用型人才特殊的知识、能力与素质结构。既然如此，实验实践教学改革就不仅要满足本科应用型人才一般的知识、能力、素质结构完善的要求，还要满足经管类本科应用型人才特殊的知识、能力、素质结构完善的要求。

基于以上考虑，我院经管类专业本科实验实践教学的功能目标被界定为：使学生具有较强的知识整合与应用能力，较强的综合决策与执行能力，较强的技术、手段、工具、方法的开发创新能力与创业能力，具有较高的专业素质与道德素质，有助于学生循序渐进地实现向职业岗位角色的转换。该功能目标具有以下几层含义：

第一，实验实践教学要建构的是融会专业知识与相关专业知识的复合型知识结构，而不是只对应于某专业的单一型知识结构。

第二，实验实践教学要重点增强的不是专业实际操作技能，而是能够灵活运用专业理论知识与相关专业理论知识科学地进行经济管理决策，妥善处理复杂动态的经济管理问题，综合驾驭经济活动运行的能力。

第三，实验实践教学要重点开发的不是基础理论与应用理论研究能力，而是应用研究与应用技术开发能力。

前两点是经管类应用型本科人才培养区别于高职高专人才培养的特殊规定性，后一点是经管类本科应用型人才培养区别于研究型人才培养的特殊规定性。

三、我校经管类专业实验实践教学改革探索与实践

2001 年以来，依循先进教育教学理念，为实现上述功能目标，我校着重从以下方面展开了经管类实验实践教学改革：

（一）科学构建实验实践教学内容体系

针对经管类本科应用型人才实践能力特别是综合实践能力、创新创业能力不强的问题，我校构建了一套涵盖课程单项型实验、课程综合型实验、专业综合型实验、跨专业综合型实验、创新创业实践五个层面，贯穿实训、实验、社会调研、专业实习、综合实习（毕业实习）、毕业论文（设计）六个环节，包括公共基础课实验、学科基础课实验、专业课实验、专业拓展课实验四个模块，与理论教学紧密衔接，面向我校所有经管类本科专业开设的四年不断线的实验实践教学内容体系。

在构建实验实践教学内容体系时，我们十分重视基于现代信息技术的模拟或仿真实验项目的开发，十分重视综合型实验项目，尤其是跨专业综合型实验项目、校内仿真实习项目和校内创新创业实践项目的开发，以充分发挥现代信息技术对实验实践教学的支撑作用，突破经管类本科应用型人才综合实践能力、创新创业能力不强的“瓶颈”。迄今，我校面向经管类本科专业开出必修实验实践项目（不含校外）总计 1 087 个，其中公共基础课 41 个、学科基础课 63 个、专业课 463 个、专业拓展课 520 个。包括单项型实验项目 228 个和综合型实验实践项目 859 个。在所开设的 859 个综合型实验实践项目中，课程综合型实验 171 个、专业综合型实验 168 个、跨专业综合型实验 58 个、校内仿真实习项目 452 个、校内创新创业实践项目 10 个。为了激发学生自主学习的热情，满足学生个性化发展的需要，还开出了 34 个选修型

实验实践项目。为了使理论教学在实验实践教学中得到深化，除开设一系列研究设计型实验实践项目外，还在校内仿真实习的各个单元开辟“思考与研究”栏目，实施实习基地学生科研立项制度，引导组织学生对仿真实习中接触到的大量经济与管理现象自觉地进行理论研究和创新探索。

（二）系统搭建实验实践教学平台

为确保经管类专业本科实验实践教学内容体系有效实施，一方面我们切实加强经济与管理实验教学中心的软硬件环境建设，形成了一个由系列专业实验室、ERP 软件技能实训室、沙盘推演室、商务活动模拟中心、具有微格技术特点的体验室、创新创业实践室组成的现代化经管类实训实验室体系，和能够满足经管类专业实验教学与跨专业综合实验教学需要的软件体系；另一方面我们狠抓实验实践教学相关条件建设，包括自行开发模拟企业运作的实物沙盘与电子沙盘、沙盘教学系列方案、沙盘对抗演练综合评价系统软件包，采集企业案例资料并进行教学化处理，设计企业模拟业务流程，制作企业模拟业务表格和单证，创设企业模拟文化环境，开发学习网站和教学资源库，开辟网上论坛，建设网络实验课程与网络辅助实验课程，进行多种教学技术手段的组合建设和校内实习基地与校外实习基地的整合建设等，从而搭建起一个专业实验室与跨专业综合实验室相互衔接、软硬件与相关教学条件互相匹配、课内与课外相互补充、校内与校外紧密结合、融入先进教育教学理念、具有较高技术含量和鲜明特色的经管类实验实践教学平台。

（三）大胆创新实验教学组织形式与方法

在实验实践教学的组织形式方面，为了进行跨专业综合实验教学，我们打破自然班界限，将不同专业的学生混合编组，学生按专业背景进行角色分工，组成模拟公司或市场组织。在实验教学活动中，学生既是模拟市场环境的创设者，又是模拟企业的行为人；既是学习的主体，又是学习活动的组织者。

我们突破按专业或课程设置教研室的例行做法，由来自不同教学单位、不同专业的教师组成虚拟教研室或项目工作室，并建设了一支由实验教学中心专职教师、教学院系专业教师、外聘教师与学生助教组成的实验教师队伍。实验教学中心的专职教师主要负责跨专业综合实验项目、校内仿真实习项目、校内创新创业实践项目的总体设计与建设；教学院系的专业教师主要负责专业实验教学项目、校内仿真实习的分项设计与建设；外聘教师的主要任务是结合企业实际与现实经济运行开设专题讲座或报告；学生助教的主要任务是配合教师对实习活动进行组织和辅导。我校还成立了主管教学副校长任组长，教务处、人事处、资产设备管理处主要负责人和各二级学院教学副院长参加的领导小组，对跨专业综合实验教学、校内仿真综合实习进行统筹与协调。

在实验实践教学方法方面，我们将沙盘演练法、博弈对抗法、团队学习法、项目驱动法、自主互动法、网上答疑法、专题讨论法、点评法等多种方法引入实验实践教学过程，既极大地激发了学生的学习热情，大幅提高了实验实践教学效率，也使师生关系发生了显著变化。教师从讲授知识为主转变为策划教学内容、创设学习情境、配置学习资源、引导学习方向、解答学习疑难、监控学习过程、评估学习效果为主；学生从知识的被动接受者转变为知识的积极探究者，其学习的内容不仅来自课堂和教师，还来自图书馆、网络和团队其他成员。

（四）着力抓好实验实践教学三大环节

顺应经管类本科应用型人才需要具备复合知识结构、综合决策与执行能力、创新创业能力的要求，我们在抓好其他实验实践教学环节的同时，着力抓好跨专业综合实验教学、校内仿真综合实习和校内创新创业实践三大环节，并取得显著成效。

跨专业综合实验教学重在拓展学生的专业知识面，开发、训练学生综合运用本专业及相关专业的基本理论、基本方法解决实际问题的能力。为实现这一目标，我们设置了由“ERP软件操作”和“企业行为模拟”组成的必修课模块，使学生得以在ERP软件这一共同管理与技术平台上融会主修专业知识和相关专业知识，在相关专业互动过程中强化自身的主修专业能力。

校内仿真综合实习重在开发、训练学生从事经济管理的综合决策与执行能力。为实现这一目标，首先，我们以生产制造业务链为中心设计了一系列经济组织及其业务流程、业务规则，深入企业采集大量业务数据进行教学化改造和匹配，设计开发了一个涵盖企业、市场、资本运作各个方面，供、产、销各个环节，微观、中观、宏观各个层面，贴近社会经济现实，合乎教学规律的仿真综合实习内容体系，并依托经济与管理实验教学中心打造了一个仿真综合实习平台。然后，把来自十余个专业的数千余名实习生按其专业背景配置到仿真生产企业、仿真商业企业、仿真物流企业、仿真租赁公司、仿真金融机构、仿真工商管理局、仿真税务局、仿真人才交流中心、仿真会计师事务所、仿真信息处理与发布中心等百余个经济组织的不同管理岗位上，组织他们在仿真市场环境下进行企业经营仿真运作。虽然只有短短的6周，学生们却进行了系统的业务处理，经历了完整的业务流程，实践了多种经营决策，撰写了丰富的工作文书。仅以2008年下半年仿真实习运作情况为例，2 055名实习生处理的业务单据多达40余万份；撰写各种计划、方案、报告、总结计12 652份；编制各类管理制度累计870个；形成的文字材料高达4 250余万字。

校内创新创业实践重在强化学生的创新创业能力。校内创新创业实践包括读、看、思、评、演、试、做七个环节。“读”，要求学生阅读150～180个企业家的创业故事；“看”，组织学生到若干企业进行实地考察；“思”，要求学生撰写“生产——市场——资本运作”三个阶段的纪实性心得；“评”，要求以小组为单位对被考察企业经营的成败得失进行评论；“演”，要求各小组模仿三个企业案例进行创业演练；“试”，要求各小组策划一个创业项目并试运作；“做”，要求各小组实操一个创业项目以积累创业经验。2004～2008年，我校学生利用校内创新创业实践平台撰写市场调查策划书198份，完成创业设计125项，编制商业策划书48份（其中已被校外公司采用28份），提交学术科技作品225件。

目前，我校经管类实验实践教学改革正沿着以下路径继续拓展与深化：一是进一步丰富仿真流通企业和仿真金融机构的业务种类，加速仿真资本运作环境建设，将以生产制造业务链为中心的仿真综合实习内容体系拓展为生产业务链、流通业务链、资本运作业务链相互交织、高度整合的网络状仿真实习内容体系，使其更接近于现实，在校内搭建起一个可以覆盖所有经管类专业的仿真综合实习平台；二是开发建设一批学术含量或创新创业含量较高的精品实验项目，以强化实验实践的理论教育与创新创业教育功能，实现教学功能目标、科研功能目标与创新创业功能目标的高度统一。

本丛书既凝结着我们五年多来在经管类专业校内仿真综合实习领域孜孜以求的收获与体会，也深含着我们对实验实践教学特别是经管类本科人才培养模式创新的理解与认识；既是对我校开展经管类专业仿真综合实习探索的历史总结，也是对我校经管类专业仿真综合实习的现实安排。我们热切期待着基于现代信息技术平台的仿真实习这一新鲜的实践教学形式能及早长成一棵枝繁叶茂的参天大树，也热切期待着读者们不吝赐教，指出本丛书的疏漏、不足甚至错误之处，使我们实验实践教学改革前行的步伐更加稳健，更加踏实。

曾小彬

广东商学院副院长

丛书编委会主任

2010年6月

前　言

《进出口贸易仿真综合实习教程》结合国际贸易实务理论和仿真实习的需要，按照进出口贸易实务流程的先后顺序，分别介绍了国际业务开发，询盘和发盘，还盘和接受，贸易合同会签，付汇、托收和信用证三种国际结算方式，租船订舱和装船，国际货物保险，进出口商检，进出口货物报关，出口退税，索赔、仲裁和不可抗力。在每项业务里，首先介绍该业务的背景理论；然后详细叙述了进行该环节业务的实验流程，给学生开展业务提供了实操性指导；最后列举该环节业务中的典型案例。

《进出口贸易仿真综合实习教程》具有理论结合实际的特点，在联系相关理论的同时，对学生进行国际贸易业务的实习具有较强的指导作用。此外，本教程还分别就进口和出口业务流程进行了总结，给学生开展实习提供思路指导。最后，还提供了一整套比较完善的、与进出口业务密切相关的实验单据，与实际紧密贴合。

目　录

第一章　仿真实习环境下的国际业务开发

第一节　出口业务前的准备工作

一、交易前的准备工作

出口交易前的准备工作主要包括对国际市场调查研究，制订商品经营方案，落实货源或制订出口商品生产计划，进行广告宣传等。

1．做好对国际市场的调查研究。

（1）对进口国别地区的调查研究。主要调查有关国家或地区的经济状况，对外政策，对我国的态度，进出口商品结构、数量、金额，贸易对象国、贸易与外汇管制等有关对外经济往来的情况及其特点。

（2）对商品市场的调查研究。主要调查有关商品及相关商品的品种、花色、质量、包装、原材料、科学技术水平以及生产、消费、贸易、成本、价格、主要供需国别及其发展状况。

（3）对交易对象的调查研究。主要调查已经或有可能经营我产品的客户和潜在客户的经营范围和经营能力等状况，以利于我外贸企业有区别地选择和利用客户。此外，要注意调查贸易对象的资信情况。所调查对方的资信情况包括企业的资金和信用两方面。资金指的是企业的注册资金、实收资金、公积金、其他财产及资产债务的情况等。信用是指企业的经营作风、履约守信等。这些情况对客户要求做经销、代理、独家包销、寄售等业务时具有十分重要的参考价值。银行调查是调查贸易对象的资信的最常见的一种方法，在我国一般是委托中国银行，由中国银行根据具体要求，通过国外的分支机构或其他往来银行在当地进行调查。

2．制订出口商品经营方案或价格方案。

出口商品经营方案是根据国家的方针政策和本企业的经营意图对该出口商品在一定时期内所做出的全面业务安排。一个企业在分析市场、选定自己的目标市场以后，就要针对目标市场的需求、影响市场销售的不可控的宏观因素以及本企业可以控制的销售因素，最有效地利用本身的人力、物力资源，趋利避害，扬长避短，设计企业的销售策略，制订最佳的出口商品经营方案，以便达到企业的预期目标。目前，我国外贸企业所制订的出口商品经营方案内容通常包括国内货源情况、国外市场与目标市场情况、历史经营情况、计划安排和实现计划的措施，如市场安排、物色客户、广告宣传、贸易方式、价格、支付等交易条件的选择、运用和掌握，以及成本和经济效益的核算等。对于某些一时情况难以全面掌握、不易制订经营方案的新小商品，可暂订价格方案。价格方案的内容一般比较容易，局限于成本核算与出口定价。

3. 落实货源、制订出口商品生产计划。

在制订出口商品经营方案的同时或先后，应按不同商品的具体情况和特点，及时根据经营方案，与生产、供货部门落实货源收购、调运或制订出口商品生产计划。

4. 广告宣传。

广告宣传工作是出口商品经营方案的重要内容，原则上应按原定的方案部署有计划、有步骤地进行。在做广告宣传前，先应有明确的目标，才能保证做到有的放矢。广告宣传的内容及其采用的方式与手段要针对不同市场和商品的特点，要注意效果。目前，我国外贸企业使用的宣传方式和广告媒体甚多，如报纸、期刊、专业印刷品（如商业指南、贸易年鉴、手册）、视听广告（电视、电影、广播）、户外广告（招贴、广告牌、交通车辆、电气广告）、直接邮寄广告（样本、实物样品、商品目录、图片说明书、通告函）、商品陈列展览等。

二、商定出口合同

在做好上述准备工作之后，就要通过函电或面谈等方式与国外客户进行接洽联系，通过发盘、询盘、还盘、接受等与之签订最后合同。出口商可事先准备好出口合同，等待会签。

三、履行出口合同

出口合同一经订立，交易双方就要根据合同履行各自的义务，按照双方事先达成的贸易条件、付款方式严格执行，主要包括如下环节的工作：

（1）认真备货，按时、按质、按量交付预定货物；

（2）若使用信用证进行交易，则要做好催证、审证、改证工作；

（3）租船订舱，安排运输、保险事宜；

（4）安排商检，办理出口报关手续；

（5）缮制、准备有关出口单据，及时向银行交单结汇，收取货款；

（6）有的出口企业可向海关申领出口退税。

在进行出口贸易前，应该向相关部门咨询好出口事宜，准备各项单证，以保证出口合同的顺利履行。

第二节　进口业务前的准备工作

一、交易前的准备工作

在进口交易前的市场调研中，首先要弄清楚打算采购商品的供应国和主要生产者的供应情况、价格水平，根据商品的不同规格、技术条件进行分析比较，以便在贯彻国别地区政策的前提下，选择从产品对路、货源充足、技术水平高、价格低的市场采购。

其次，对客户的调研不仅要充分了解它们的资信情况、经营能力和经营作风、以往与我国企业间业务往来情况，还要了解它们的购销渠道，本身是贸易商还是生产厂，以便正确选择供货对象，减少不必要的中间环节，降低进口成本。

另外，根据我国现行管理办法，凡属许可证管理的商品，均须向国家主管机关申请并取得配额证明后方可向商务部指定的发证机关申领进口许可证。进口配额证明是签发进口许可证的根据。凡属许可证管理的进口商品，进口企业必须在对外订货前填制进口许可证申请表，连同有关提交的文件，包括进口配额证明，向发证机关申请进口许可证。

二、商定进口合同

进口合同与出口合同基本相同，但作为进口商，更应注意在国外厂商间做好比价工作，争取以比较优惠的价格进口较优的商品。进口商同样可以事先准备好进口合同，等待会签。

三、履行进口合同

进口合同与出口合同的履行程序正好相反，工作侧重点也不一样，以船上交货（FOB）为例，一般包括如下环节的工作：

（1）若使用信用证交易，进口商向银行申请开立信用证；

（2）催促卖方备货装船，及时派船到对方口岸接货；

（3）办理货运保险；

（4）审核有关单据，付款赎单；

（5）办理进口报关手续，验收货物。

在进行进口贸易前，同样应该向相关部门咨询相关事宜，准备好各项单证，以保证进口合同的顺利履行。

第三节　国际贸易单证电子化

国际贸易的程序非常烦琐，单证的种类甚多、格式各异、用途不同，流转的线路长、环节多。据联合国有关机构的统计，全世界每年耗于单证的经济支出达几十亿美元，人力的消耗更是不可胜计。美国的国际贸易单证委员会曾在这方面做过调查，过去出口一批货物要缮制 46 种单证，正副本一共 360 份，制单需 36 个半小时，仅单证费用一项，就要占货物价值的 7.5%。在我国进出口贸易中，各专业进出口公司以及航运、保险、银行、商检、海关等机构业务量高度集中，单证分别缮制、层层复核、往返流转，不仅费时费力，且容易发生差错，影响货物的快速流通和货款的及时结算。综合国内、国外的情况，可见传统的贸易程序和单证方式已经不适应时代的要求，成为国际贸易发展的一大障碍。

人们在国际贸易单证工作的长期实践中得出一个结论，即国际单证和贸易程序必须要简化，其主要方向是走国际化和电子化的道路。国际化和电子化是相辅相成的，只有国际化，才能使电子化得以普及应用。例如有一份从挪威某银行开来的信用证，证上的人民币符号是 CNY，而我出口单证仍按传统做法打上 RMB，单证到了挪威，遭到开证行的拒付，其原因就在于这家银行已按国际标准化组织的货币符号更新了它的电子计算机数据，以致 RMB 符号无法输入。从另一方面说，只有电子化才能促进国际化的加速推行，因为世界上没有一个权威机构可使国际贸易和与国际贸易有关的行业把它们各自使用的信息、数据、格式、程序等统一起来。只有在电子化给它们带来实际利益时，它们才会自觉或不自觉地响应电子计算机的号召，走国际规范化的道路。

联合国于 1960 年成立了简化贸易单证和单证标准化的 Economic Commission for Europe，ECE 工作组，1972 年更名为国际贸易程序化工作组，专门负责这方面工作。一些其他专业性组织如海关合作理事会（Customs Cooperation Council）于 1973 年制定了《京都公约》。这些标准化的贸易单证通过计算机的处理，加快了国际贸易的进程，减少了贸易结算的环节和手续，是国际贸易结算的历史性革命，这就是众所周知的“电子数据交换”（Electronic Data Interchange，简称 EDI）。EDI 的产生使它成为信息的载体，代替了纸张单证，整个贸易过程包括卖方交货和买方付款的各项数据可不用纸张传来传去，而是通过电子计算机在进出口商、海关、银行、船运公司、航空公司、运输商以及政府有关机构之间进行传输和处理，因此 EDI 赢得了“无币贸易”的形象化称号。

第四节　仿真模拟国际业务准备

一、实验流程

1. 实验参与方。

进/出口商。

2. 实验一：出口交易前的准备。

（1）进行国际市场的调研。调查内容包括：进口国的经济状况、贸易与外汇管制、汇率波动情况；进口国相关商品的品种、质量、生产、消费、价格、供需状况；进口国客户的资信情况、价格接受程度、经营能力。

（2）根据本企业战略及前期调研成果制订出口商品经营方案，制定出口价格，物色潜在客户，开展广告宣传，制定出口商品的贸易方式、价格、支付等交易条件，核算好成本和经济效益。

（3）根据出口方案制订出口商品生产计划，进行生产或调货。

（4）熟悉及准备出口业务需涉及的各种单证；与进出口业务相关的银行、工商局、船公司等保持联系，咨询出口业务。

3. 实验二：进口交易前的准备。

（1）调查国外生产商的商品供应情况，根据商品质量和价格进行比较分析，选择产品恰当、货源充足、价格适合的生产商进行采购；此外，还需了解生产商的资信情况和经营能力，降低进口风险。

（2）根据进口商品的性质向所在政府机构申请配额和许可证。

（3）熟悉及准备进口业务涉及的各种单证；与进出口业务相关的银行、工商局、船公司等保持联系，咨询进口业务。

二、实验成果及评价

实验成果：在对交易对象的调查和我方前期准备工作完成的基础上，选定资信情况良好、经营能力较强和政治上对我友好的客户，与其建立初步联系。

实验评价：对进出口交易前的准备工作的好坏决定着后期的进出口业务的成败。

第五节　仿真模拟建交函

一、实验流程

（一）实验参与方

进/出口商。

（二）实验步骤

在交易前期准备工作完成的基础上，选择资信良好、经营能力强和政治上对我友好的客户，通过采取主动发函、发电等方式进行初步联系，并与之建立业务关系。

一封标准建交函应包含的内容：

1. 说明信息来源。

We learned from……that you are interest in……

We have obtained your name and address from……

2. 言明去函目的。

We are writing to you to establish trade relations with you.

We wish to express our desire to enter into business relationship with you.

3. 本公司概述。

We are a leading company with many years' experience in……export business.

We enjoy a good reputation internationally in the circle of……

4. 产品介绍。

Our products are enjoying popularity in Asia markets.

We have a good variety of colors and sizes to meet with different needs.

5. 激励性结尾。

We are looking forward to your specific inquiries.

Your early inquiries will be really appreciated.

另邮航寄目录：send catalogue by separate mail

二、实验成果及评价

实验成果：学习撰写建交函的基本技能，熟悉建交函应包括的基本内容。

实验评价：通过建交函与对方建立初步业务关系，为后期的交易磋商定一个好的基调。

第六节　案例分析与理论思考

一、案例分析

建交函的例文参考：

Dear Sirs,

We owe your name and address to the Commercial Counselor's Office of the Swedish Embassy in Beijing who have informed us that you are in the market for Textiles.

We avail ourselves of this opportunity to approach you for the establishment of trade relations with you.

We are a state-operated corporation, handling both the import and export of Textiles. In order to acquaint you with our business lines, we enclose a copy of our Export List covering the main items available at present. Should any of the items be of interest to you, please let us know, we shall be glad to give you our lowest quotations upon receipt of your detailed requirements.

In our trade with merchants of various countries, we always adhere to the principle of equality and mutual benefit. It is our hope to promote, by joint efforts, both trade and friendship to our mutual advantage.

We look forward to receiving your enquiries soon!

Yours faithfully,

XXX, General Manager

二、理论思考

1. 企业在出口前需做哪方面的准备工作？
2. 企业在进口前需做哪方面的准备工作？
3. 如何调查国外客户的资信情况？

第二章　仿真实习环境下的询盘和发盘

第一节　常用国际贸易术语概述

一、《2000 年通则》（Incoterms 2000）中的三种常见贸易术语

FOB、CFR、CIF 三种术语适用于海洋运输及内河水运方式，由于国际贸易中大多数货物是通过海洋运输的，所以这三种术语最为常用。

（一）FOB（free on board）

FOB 称为船上交货，我国也有人称为离岸价格。使用这一术语时要在后面注明货物装运港的名称，如 FOB 上海。

《2000 年通则》规定了买卖双方的主要义务。

1. 卖方的主要义务：

（1）提供货物、商业发票或与之相当的电子信息。

（2）在规定的时间内于指定装运港按该港口习惯方式将货物交至买方指定的船上，并向买方发出详细通知。

（3）负担货物在指定装运港越过船舷前灭失或损坏的一切风险以及与该货物有关的一切费用。

（4）承担风险和费用，申领出口许可证或其他法定批准书，办理出口报关手续，支付关税或其他法定收费。

（5）提供交货证据，并应买方要求，协助买方取得交货证据以外的有关运输合同的运输单据。

（6）支付核对费用，提供运输包装并作适当标记。

（7）协助买方取得进口或通过第三国所需的有装运国及/或产地国签发或转发的任何单据或相当的电子信息，提供办理保险所需的资料。

2. 买方的主要义务：

（1）接受货物，支付货款。

（2）负责租船或订舱，支付运费，并将船期、船名、装运地点等及时通知

卖方。

(3) 负担货物在指定装运港越过船舷后灭失或损坏的一切风险及与该货物有关的一切费用，并承担由于未能及时通知或为完成装运责任而给卖方造成的损失。

(4) 自负风险及费用，申领进口许可证或其他法定批准书，办理进口及通过第三国通关手续。

(5) 支付除法定检验之外的装船前的检验费用。

(6) 支付及补偿卖方应自己请求而提供单证或相当的电子信息所产生的一切费用。

(二) CFR (cost and freight)

CFR 称为成本加运费。使用这一术语应在其后面注明目的港的名称。

1. 买卖双方的主要义务。

与 FOB 相比较，除规定由卖方办理与运输有关的义务外，CFR 条件下买卖双方的其他义务划分与 FOB 基本相同。具体的主要不同为：卖方须按照通常条件及惯常的航线，与船方订立运输合同，负责租船订舱和支付将货物运至指定目的港的运费，包括装船费用和定期班轮公司在订约时可能收取的卸货费用；应及时向买方提供载明运至目的港的通常运输单据；买方没有办理运输的责任，但仍须支付包括驳运费和码头费在内的卸货费，除非定期班轮公司已向卖方收取这类费用。

2. 装运通知问题。

在三种常用贸易术语的条件下，卖方在货物装船后皆应及时向买方发出装船通知。在 CFR 条件下，由买方自行投保。如果卖方将货物装船后，没及时将有关保险的资料通知给买方而使买方漏办保险，则卖方将承担由此引起的货物运输途中的风险。在 FOB 条件下也是如此。

(三) CIF (cost, insurance and freight)

CIF 称为成本加保险费、运费，我国有时也称为到岸价格。使用这一术语时应在其后面注明目的港名称。

在 CIF 条件下，与 CFR 相比较，买卖双方的主要义务除了由卖方负责办理保险之外，其他的基本义务基本相同；具体的主要不同为：卖方应按合同规定自行负担费用与信誉良好的保险人或保险公司订立货物运输保险合同，向买方提供保险单或其他保险凭证；如无相反的明示协议，应按《协会货物保险条款》或其他类似的条款中的最低保险险别投保，最低保险金额应是合同价格另加 10%，以合同货币投保。

（四）三种常用贸易术语的比较

1. 三种术语的主要相同之处：

（1）都适用于海运及内河水运。

（2）交货地点皆为装运港船上交货。

（3）风险和费用的划分皆为以装运港船舷为界。尽管在 CFR 和 CIF 条件下，由卖方办理从装运港至目的港的运输手续并支付主运费，在 CIF 条件下由卖方支付货物运输过程中的保险费，但除非双方另有约定，除主运费和保险费之外的货物越过船舷后的费用皆由买方承担，由于各种风险造成货物的灭失和损坏也皆由买方负担。

（4）都规定由卖方提供货物及商业发票，将货物交至船上并及时通知买方，办理出口手续。

（5）都规定由买方接收货物、支付货款，办理进口手续。

2. 三种术语的主要不同之处：

（1）办理运输的责任的规定不同，CIF 和 CFR 下由卖方办理运输，FOB 下由买方办理。

（2）办理保险的责任不同，CIF 下由卖方办理保险，FOB 和 CFR 下由买方办理保险。

（3）术语后的地点不同。

（4）各术语的价格构成不同，CFR 价等于 FOB 价加上运费，CIF 价等于 CFR 价加上保险费。

二、《2000 年通则》中的 FCA、CPT、CIP 三种术语

这三种术语是在三种常用贸易术语的基础上发展起来的，它们适合任何运输方式，规定由卖方在出口国向承运人或其代理人交货。随着运输业的发展，这三种术语将越来越常用。

（一）FCA（free carrier）

FCA 称为货交承运人，其后接出口国的某一交货地点。在 FCA 条件下，卖方负责在出口国指定的地点和规定的时间将货物交给买方指定的各类运输方式的承运人或其他人并办理出口手续。买方负责货物从指定地点到国外的运输，办理进口手续。买卖双方风险的划分以货物交给承运人或其代理人处置后为界。

值得注意的是，《1990 年通则》中规定，在 FCA 术语下，卖方分别按 7 种不同的运输方式履行交货义务。而在《2000 年通则》中简化为：如交货地点是卖方所在地，则卖方须将货物装到买方的运输工具上，才完成了交货义务；在其他情况下，如果货物仍在卖方的运输工具上，尚未卸载，但该货物已置于买方的

支配下，则交货就已经完成了，此时的卸载义务不需由卖方承担。

（二）CPT（carriage paid to）

CPT 称为运费付至（指定目的地），后接指定目的地的名称。在 CPT 条件下，卖方负责订立将货物运往目的地指定地点的运输合同，按合同规定的时间将货物交给承运人（在多式联运的情况下，则交给第一承运人）或其代理人处置之下，并办理出口手续；买方负责办理进口手续；买卖双方风险的划分以货物交给承运人或其代理人处置后为界。

（三）CIP（carriage and insurance paid to）

CIP 称为运费、保险费付至（指定目的地），后接目的地的名称。在 CIP 的条件下，由卖方办理保险。除此之外，买卖双方的义务与 CPT 条件下的义务基本相同。

（四）三种术语的比较

1. FCA、CPT、CIP 的主要相同之处：

（1）都适用于任何运输方式。

（2）交货地点皆为出口国的某一地点。

（3）风险的划分皆为货交承运人或其代理人为界。

（4）都规定由卖方提供货物及商业发票，将货物交至船上并及时通知买方，办理出口手续。

（5）都规定由买方接收货物，支付货款，办理进口手续。

2. 三种术语的主要不同之处：

（1）办理运输的责任的规定不同，CPT 和 CIP 下由卖方办理运输，FCA 下由买方办理。

（2）办理保险的责任不同，CIP 下由卖方办理保险，FCA 和 CPT 下由买方办理保险。

（3）术语后的地点不同。

（4）各术语的价格构成不同，CPT 价等于 FCA 价加上运费，CIP 价等于 CPT 价加上保险费。

（五）FCA、CPT、CIP 与三种常用贸易术语的比较

1. 相同之处。

FCA、CPT、CIP 三种术语是在三种常用贸易术语的基础上为了适应多种运输方式的需要而产生的，其与三种常用贸易术语的相同之处：

（1）进出口手续的办理。

（2）买卖双方在办理运输和保险的责任上，FCA 与 FOB 相同，CPT 与 CFR 相同，CIP 与 CIF 相同。

（3）都是象征性交货的贸易术语。象征性交货（symbolic delivery）是针对实际交货而言的。实际交货是指卖方要在规定的时间和地点将符合合同规定的货物交给买方或其指定的人；而象征性交货又称为推定交货（constructive delivery），是指卖方只要按期在约定地点将货物交给承运人或其代理人，并向买方提交合同规定的包括物权凭证在内的有关单据，就算完成了交货义务。

2. 不同之处。

（1）适用的运输方式。

（2）交货地点。

（3）风险和费用的划分。

（4）术语后的地点。

（5）装卸费用的承担。这一点主要体现在海洋运输的租船运输方式中。在 FOB 术语下，合同中应明确装货费用由何方负担；在 CFR 和 CIF 术语下，合同中则应明确卸货费用由何方负担；而在 FCA、CPT 和 CIP 术语下，卖方将货物交给承运人时所支付的运费（CPT 和 CIP 术语），或由买方所支付的运费（FCA 术语），已包含了承运人接管货物后在装运港的装货费用和目的港的卸货费用。这样，在 FCA 术语下，合同中不用规定装货费用由何方负担；在 CPT 和 CIP 术语下，合同中不用规定卸货费用由何方负担。

（6）运输单据。在 FOB、CFR 和 CIF 术语下，卖方一般应向买方提交已装船清洁提单；而在 FCA、CPT 和 CIP 术语下，卖方提交的运输单据则视不同的运输方式而定。

三、《2000 年通则》中的其他术语

除了上述常用术语外，《2000 年通则》还有其他的贸易术语。以下将其所有术语进行对比，供进出口商选择和辨析。

表 2－1　《2000 年通则》的汇总术语对比

贸易术语	交货地点	风险转移界限	出口报关责任	进口报关责任	运输方式	租船定舱
EXW	商品产地、所在地	买方处置货物后	买方	买方	任何方式	
FCA	出口国内地、港口	承运人处置货物后	卖方	买方	任何方式	买方
FAS	装运港口	货交船边后	卖方	买方	水上运输	买方
FOB	装运港口	货物越过船舷	卖方	买方	水上运输	买方
CFR	装运港口	货物越过船舷	卖方	买方	水上运输	卖方
CIF	装运港口	货物越过船舷	卖方	买方	水上运输	卖方

续表

贸易术语	交货地点	风险转移界限	出口报关责任	进口报关责任	运输方式	租船定舱
CPT	出口国内地、港口	承运人处置货物后	卖方	买方	任何方式	
CIP	两国边境指定地	承运人处置货物后	卖方	买方	任何方式	
DAF	目的港口	买方处置货物后	卖方	买方	任何方式	卖方
DES	目的港口	买方在船上收货后	卖方	买方	水上运输	卖方
DEQ	进口国内	买方在码头收货后	卖方	买方	水上运输	卖方
DDU	进口国内	买方在指定地点收货后	卖方	买方	任何方式	卖方
DDP	进口国内	买方在指定地点收货时	卖方	买方	任何方式	卖方

第二节　进出口商品价格核算概述

正确的价格计算是正确出口报价的前提条件。没有准确的计算，就无法正确报价。从事进出口业务的人员，应熟练掌握各种报价、还价和成交价格的计算方法。

一、出口报价的核算

出口报价的核算一般包括下面几部分内容：成本核算、出口税收核算、运费核算、保险费核算、佣金核算、利润核算和报价核算等。

（一）成本核算

出口商品价格的构成包括成本、费用和利润。其中，成本包括生产成本（制造商生产某一产品所需的投入）、加工成本（加工商对成品或半成品进行加工所需的成本）、采购成本（贸易商向供应商采购商品支出），它们是价格的主要组成部分。出口商品价格中费用所占的比重虽然不大，但其名目繁多，主要包括包装费、仓储费、国内运输费、认证费、港区杂费、商检费、银行费用、出口运费、保险费和佣金等。预期利润在出口价格三要素中无疑是最重要的。

对出口商而言，成本即是采购成本。一般说供货商所报的价格就是采购成本。供货商报出的价格一般包含税收，即增值税。增值税是以商品进入流通环节所发生的增值额为课税对象的一种流转税。由于国家要鼓励出口，为了提高本国商品竞争力，往往对出口商品采取按增值税款金额或按一定比例退还的做法（也就是出口退税），因而在核算成本时应将出口退税减去。

例如：某商品每件购货成本是200人民币元，其中包括17%的增值税，若该商品出口退税率为9%，那么该商品（每件）的实际成本为多少？

首先看下列公式：

$$购货成本=货价+增值税额=货价+货价\times增值税率=货价(1+增值税率)$$

$$货价=\frac{购货成本}{1+增值税率}$$

$$\begin{aligned}实际成本&=购货成本-出口退税额\\&=货价(1+增值税率)-货价\times出口退税率\\&=货价(1+增值税率-出口退税率)\\&=\frac{购货成本}{1+增值税率}(1+增值税率-出口退税率)\end{aligned}$$

$$购货成本=\frac{实际成本(1+增值税率)}{1+增值税率-出口退税率}$$

$$退税收入=货价\times出口退税率=\frac{购货成本}{1+增值税率}\times出口退税率$$

利用上述公式，可算出上例中每件商品的实际成本：

$$\begin{aligned}实际成本&=\frac{购货成本}{1+增值税率}(1+增值税率-出口退税率)\\&=\frac{200\times(1+17\%-9\%)}{1+17\%}=184.6（元人民币）\end{aligned}$$

（二）运费核算

海洋运输是出口货物运输的主要方式。而在海运方式中，又可分为班轮运输和租船运输两种，其中以班轮运输方式为多。在班轮运输方式中，其运费计算又分为件杂货和集装箱运费两类，在此只介绍件杂货类班轮运费的计算方式。

1. 运费结构。

件杂货班轮运费包括基本运费和附加费两部分。基本运费指对运输每批货物所应收取的最基本的运费费率，是整个运费的主要构成部分，它按航线上基本港之间的运价给出，是计收班轮运输基本运费的基础。其计收标准分为下列几种：

（1）按货物的毛重计收，在运价表内用字母“W”表示，称为重量吨。在我国一般以1公吨为运费单位，国外也有按长吨、短吨计算的。

（2）按货物的体积（称为尺码吨）计收，在运价表内用字母“M”表示。一般以1立方米为计费单位。

（3）按商品的价格计收，即按从价运费收取，在运价表内用“AV”（拉丁文 ad valorem，意即“从价”）表示。从价运费是指该种货物应按其 FOB 价格的某一百分比计算运费。

（4）按货物的毛重或体积从高计收，即由船公司选择其中运费较高者计收，在运价表中用“W/M”表示。机器及其零件、小五金等常按此方法计收。

（5）选择货物的重量、体积或价值三者中较高的一种计收运费，在运价表中用“W/M or AV”表示；或按货物重量或体积选其高者再加上从价运费计收，运价表中用“W/M plus AV”表示。

（6）按货物的件数计收，又称计件收费。

（7）临时议定价格，由船货双方临时议定价格收取运费。

在实际业务中，经常有一些需要特殊处理的货物，需要挂靠非基本港或转船接运；即使是基本港之间的运输，也因为基本港的自然条件、管理规定、经营方式等情况的不同而导致货物运输成本的差异。这些都会使班轮公司在运营中支付相应的费用。为了使这些增加开支得到一定的补偿，在计算全程运费时，需要在基本运费的基础上，计收一定的追加额，即构成班轮运费的另一组成部分的“附加运费”。主要的附加费有：

（1）燃油附加费：在燃油价格突然上涨时，按每一运费吨加收一绝对数或按基本运价的一定百分比加收的附加费。

（2）货币贬值附加费：承运人为了弥补货币兑换过程中的汇兑损失而加收的附加费。

（3）转船附加费：凡运往非基本港的货物需转船运往目的港，船方收取的附加费。

（4）港口附加费：有些港口由于设备条件差或装卸效率低以及其他原因，船公司加收的附加费，一般按基本运价的一定百分比收取。

（5）港口拥挤附加费：由于港口拥挤，船舶抵港后需要长时间等泊位而产生额外的费用，为补偿船期延误损失而增收的附加费即为港口拥挤附加费。

（6）选择港附加费：有时运货方在托运时难以确定具体卸货港口而要在两个以上港口选择，为此船公司在卸载时予以特别安排而加收的附加费。

（7）超重超长附加费：一件货物毛重超过5公吨时收取超重费；一件货物超过9公尺须加超长费。

（8）直航附加费：这是托运人要求承运人将其托运的货物从装货港不经过转船而直接运抵航线上某一非基本港时所增收的附加费。托运人交运一批商品必须达到某一数量以上时，承运人才会同意托运人提出的直航要求，并按规定增收直航附加费。

（9）变更卸货港附加费：由于收货人变更、交货地变更或清关问题等需要，有些货物在装船后需变更卸货港，而货物不在提单上原定的卸货港卸货而增收的附加费，称为变更卸货港附加费。

班轮附加费计算方法有两种：一种是基本费率基础上加一个百分比；另一种

是在每运费吨后直接加若干金额。上述基本运费和各种附加费均按班轮运价表计算。

2. 运费计算方法。

（1）公式推导：

$$F = F_b + \sum S$$

式中：F——运费总额；

F_b——基本运费额；

S——某一项附加费。

基本运费是所运商品的计费吨（重量吨或尺码）与基本运价（费率）的乘积，即：

$$F_b = Q \times f$$

式中：f——基本运价；

Q——计费吨。

附加运费是基本运费的一定百分比：

$$\begin{aligned} F &= F_b + (S_1 + S_2 + \cdots + S_n)\ F_b \\ &= Q \cdot f + Q \cdot f\ (S_1 + S_2 + \cdots + S_n) \\ &= Q \cdot f\ (1 + S_1 + S_2 + \cdots + S_n) \end{aligned}$$

附加费是按每计费吨加收若干的形式：

$$\begin{aligned} F &= F_b + \sum S \\ &= Q \cdot f + (S_1 + S_2 + \cdots + S_n) \cdot Q \\ &= Q \cdot (f + S_1 + S_2 + \cdots + S_n) \end{aligned}$$

（2）计算步骤：

首先，根据商品的英文名称在货物分级表中查出该商品属于什么等级和计费标准，其次，分别从航线费率表查出基本费率，从附加费率表查出附加费率。

例 出口箱装货物共100箱，报价为每箱4 000美元FOB某港，基本费率为每运费吨26美元或按AV. 收取1.5%，以W/M or Ad Val. 选择法计算，每箱体积为1.4m×1.3m ×1.1m，毛重为每箱2公吨，并加收燃油附加费10%，求总运费。

解 求每箱基本运费：

按“W”计算： 26×2=52（美元）

按“M”计算： 26×1.4×1.3×1.1=52.05（美元）

按“Ad Val.”计算：4 000×1.5% =60（美元）

三者比较，则该批货物每箱的基本运费为60美元。

总运费为：60×(1+10%)×100=6 600（美元）

（三）保险费核算

在进出口业务中，保险金额是被保险人对保险标的的实际投保金额，是保险公司所承担的最高赔偿金额，也是保险费的计算基础，一般由买卖双方商订。根据《跟单信用证统一惯例》（国际商会第500号出版物）和《2000年国际贸易术语解释通则》的规定：除非信用证另有规定，保险单据必须表明最低投保金额应为货物的CIF价或CIP价格的总值加成10%，即投保最低的起码金额应为发票的CIF价或CIP价加一成。当然，保险加成并非必须是10%，加成的目的是弥补被保险人的各项经营费用及预期利润的损失。所以，如果买方要求以较高的加成率计算投保金额投保，在保险公司同意承保的前提下卖方可以接受，但超出部分的保险费应由买方负担。

在出口贸易中，在以CIF（或CIP）术语成交的情况下，出口方需对保险费进行核算，具体公式如下：

保险金额 = CIF（或CIP）货价 ×(1 + 保险加成率)

保险费 = 保险金额 × 保险费率

如果以其他贸易术语成交，则应先折算为CIF或CIP再加成计算保险金额。FOB价、CFR价和CIF价，以及FCA价与CPT价和CIP价的换算公式如下：

（1）FOB价换算为CFR价和CIF价的公式：

CFR = FOB + F(运费)

CIF = [FOB + F(运费)]/[1 − (1 + 投保加成率) × 保险费率]

（2）CFR价换算为FOB价和CIF价的公式：

FOB = CFR − F

CIF = CFR/[1 − (1 + 投保加成率) × 保险费率]

（3）FCA价换算为CPT价和CIP价的公式：

CPT = FCA + F(运费)

CIP = [FCA + F(运费)]/[1 − (1 + 投保加成率) × 保险费率]

（4）CPT价换算为FCA价和CIP价的公式：

FCA = CPT − F(运费)

CIP = CPT价/[1 − (1 + 投保加成率) × 保险费率]

中国人民保险公司还制定了一份保险费率常数表，该表是以CFR（或CPT）价计算CIF（或CIP）价的速算表，只需用CFR（或CPT）价直接乘以表内常数，便可算出CIF（或CIP）价，可以简化计算量。

我国进口货物的保险金额原则上也是按进口货物的CIF（或CIP）价格计算，但实务中大部分进口合同是采用FOB（或CFR）贸易术语，在向中国人民保险公司进行投保时，均按估算出的CIF（或CIP）价作为投保金额而不必加成，其中的运费率和保费率采用平均值计算。

（四）出口税收核算

对出口货物，海关将根据《中华人民共和国关税条例》的规定和《中华人民共和国海关进出口商品税则》规定的税率从价征收出口关税。按照规定，出口商品应交纳有关税金。特别是在WTO自由贸易的框架下，许多国家只对关系国计民生、本国稀有储备或高科技产品的出口通过关税或其他手段予以限制，而对于大部分正常贸易中的商品是不予征税的，目的是更好地鼓励本国商品的出口。出口货物应纳关税计算公式如下：

出口货物应纳关税＝出口货物完税价格×出口货物关税税率

其中，出口货物完税价格是海关征收关税所依据的价格。目前我国海关征收出口关税是以商品的离岸价为基础的，即FOB价成交时：

出口完税价格＝FOB价/(1＋出口税率)

而以CFR价或CIF价成交时，应先将运费、保险费从中减去，即：

CFR价成交时：出口完税价格＝(CFR价－运费)/(1＋出口税率)

CIF价成交时：出口完税价格＝(CIF价－保险费－运费)/(1＋出口税率)

例 某公司出口一批化学原料1 000公斤，出口关税为30%，成交价为每公斤100美元CFR科威特，假设从上海到科威特的运费为4 000美元，求出口应交关税额。

完税价格为：

解 (100×1 000－4 000)÷(1＋30%)＝73 846.15美元

则出口应缴关税为：

73 846.15×30%＝22 153.85美元

（五）佣金的核算

佣金是中间商因介绍买卖而取得的报酬。在进出口业务中，如交易对象是中间商，就涉及到佣金问题。折扣则是卖方按原价格给买方一定比例的减让。

1. 佣金和折扣的表示方法。

凡价格中包含佣金的，称之为含佣价。含佣价的表示方法可以使用文字说明。例如，每公吨250美元CIF伦敦包括佣金3%（USD 250 Per Metric ton CIF London including 3% commission）；也可以在贸易术语之后加佣金的缩写英文字母和所给佣金的百分率表示。例如：每公吨200美元CIFC2%伦敦（USD 250 Per Metric CIFC2% London）。

折扣一般用文字说明，例如，每公吨200美元CIF伦敦减1%折扣（USD 200 Per Metric ton CIF London Less 1% discount）；有时也用R（Rebate的缩写）表示包含折扣。

2. 佣金的计算方法。

在我国，进出口业务中一般是以发票金额（即含佣价）为基数计算佣金的，即发票金额乘以佣金率。例如，每公吨 200 美元 CIFC2% 伦敦，发票金额为每公吨 200 美元，佣金即为每公吨 4 美元。

佣金的核算有下列公式：

净价 = 含佣价 - 佣金

佣金 = 含佣价 × 佣金率

在国际贸易的做法中，也有按 FOB 净价为基数计算佣金的。如 CIF 买卖合同，双方洽定以 FOB 净价为基数计算佣金，就必须将 CIF 价换算成 FOB 价再行计算应付的佣金数。

3. 净价与含佣价之间的换算。

净价与含佣价的差别是佣金，它们之间的换算公式如下：

佣金 = 含佣价 × 佣金率

净价 = 含佣价 - 含佣价 × 佣金率 = 含佣价 ×（1 - 佣金率）

$$含佣价 = \frac{净价}{1 - 佣金率}$$

例　我国某出口公司向英国某商人出售一批货物，中方原报价为 CIF 伦敦 C3% 850 美元，后英商要求改报 CIFC5%，问：我方在净收益不变的情况下应如何报价？

解　本题已知含佣价 CIFC3% 为 850 美元，佣金率为 3%，可首先计算净价：

净价 = 含佣价 ×（1 - 佣金率）= 850 ×（1 - 3%）= 824.5（美元）

净收益不变，即 824.5 美元，佣金率为 5% 时：

$$含佣价 = \frac{净价}{1 - 佣金率} = \frac{824.5}{1 - 5\%} = 867.9\ （美元）$$

（六）利润的核算

核算利润额时应注意计算基数，可以以成本为基数，也可以以售价为基数，各公司规定不同。对外报价中，利润留成占有的比重是非常重要的一部分，必须根据商品的特征、行业和市场以及企业自身的策略等因素综合考虑，要做到既保持了一定的利润留成，维护企业的发展利益，又具一定的市场竞争力。

在进行利润核算时，一般有以下两种方法作为依据：第一种方法是以成本作为计算的基础。如某产品的收购成本为 100 元人民币，利润率为 20%，则利润为 100 × 20% = 20（元人民币），销售价格为 100 + 20 = 120（元人民币）。

第二种方法是以销售价格作为计算的基础。如上列中，利润率为销售价格的 20%，则

销售价格 = 收购成本 + 销售价格 ×20%

销售价格 = 收购成本/(1 - 20%) = 100 ÷ 0.8 = 125（元人民币）

利润 = 125 ×20% = 25（元人民币）

出口报价首先要明确其价格构成，一般来说，主要包括成本、各项费用以及利润；就具体的贸易术语来说，FOB 价包括成本、国内费用和预期利润；CFR 价包括成本、国内费用、出口运费和预期利润；CIF 价包括成本、国内费用、出口运费、出口保险费和预期利润。对于出口报价我们可以采用前面（一）~（六）步骤核算，但我们在此给出一个概括性的公式：

$$出口报价 = \frac{货物实际成本 + 出口各项费用额之和}{1 - 出口各项费用率之和 - 利润率}$$

二、出口还价核算

在竞争激烈的市场环境中，一方发盘，对方总是要还盘。因此，收到对方的还盘后，如何进行还盘核算就成了出口方工作的重要内容。在实际业务中，出口商首先对还盘进行必要的分析和核算，了解对方要求价格对自己预期利润的影响程度；其次要分析价格构成中的哪些要素是可以做出调整，比如能否减少费用开支，降低采购成本等。总之，在进行出口还价核算时，出口商应考虑如果按照客户的还价，自己是否还有利润，利润是多少？只有经过这样的核算，才能知道能否接受对方的还价。

三、出口成交核算

一般来说，出口成交核算与还价核算的过程基本相同，不同的是成交核算是在双方达成交易后出口方对其成交结果的总结，核算企业的利润额和利润率。

四、进出口商品盈亏核算

（一）出口商品盈亏核算的几个指标

一般来说，出口商品盈亏有以下三个指标较为常用：

1. 出口商品盈亏率。

出口商品盈亏率是指出口商品盈亏额与出口商品总成本的比率。比率为正时，表示盈利；为负则意味着亏本。

$$出口商品盈亏额 = \frac{出口商品盈亏额}{出口商品总成本} \times 100\%$$

其中，出口商品总成本包含：原料成本、生产加工费、加工损耗、管理费用、机器损耗、国内运费、税金和杂费等成本。由于目前大部分企业仍享有出口退税待遇，所以出口成本中应减掉这部分退税收入。

出口商品总成本 = 原料成本 + 生产加工费 + 加工损耗率 + 管理费用率 + 机器损耗 + 国内运费 + 税金 + 杂费 − 出口退税

以 FOB 对外报价时：出口商品盈亏额 = 出口销售人民币总收入 − 出口总成本

以 CIF 对外报价时：出口商品盈亏额 = 出口销售人民币总收入 − 出口总成本 − 国际运费 − 保险费

例　某服装进出口公司对外报价为每打 USD280.00CIF NEW YORK，总计 300 打，原料采购成本为 RMB300 000.00，生产加工费 RMB200 000.00，加工损耗为 1%，管理费用为 1%，税金为 17%，退税率为 12%，运费为每打 USD10.00。保险费为每打 USD1.00。若暂不考虑机器损耗和其他杂费，以买入价 USD1 = RMB8.2（为美元的买入价）计算该出口商品盈亏率。

解　注意，计算盈亏率的时候应首先将货币统一，则方法如下：

（1）出口销售人民币总收入 = 280.00 × 300 × 8.2 = 688 800（元人民币）

（2）出口商品总成本 = [300 000.00 + 200 000.00 + (1% + 1% + 17% − 12%) × 300 000.00]
= 521 000（元人民币）

（3）出口商品盈亏额 = 出口销售人民币总收入 − 出口总成本 − 运费 − 保险费
= 688 800 − 521 000 − (3 000 + 300) × 8.2
= 140 740（元人民币）

（4）出口商品盈亏率 = 140 740 ÷ 521 000 × 100% = 27%

从上面的例子中可以看出，出口商品的赢利不仅与生产过程的成本有关，而且还与本币和进口国货币的比价有直接关系。如果出口国货币升值，在其他因素不变的前提下，则出口商品的总成本上升，市场竞争力自然下降。

2. 出口商品换汇成本。

出口商品换汇成本是指通过商品出口，用多少本币可以换回一个单位外币的比率。这项指标较为直观，在实际业务中常被采用。其计算公式如下：

换汇成本 = 出口总成本（本币）/出口商品的外汇净收入（FOB 价）

换汇成本核算盈亏的方法是将计算出的换汇成本与银行外汇买入价进行比较，如果计算出的换汇成本大于外汇买入价，则表示亏损；反之则意味着赢利。如前例，

出口商品的外汇净收入（FOB 价）= 84 000.00 − 3 000.00 − 300.00
= 80 700.00（美元）

出口总成本 = 521 000.00 元人民币

换汇成本 = 521 000 ÷ 80 700 = 6.456（元人民币/美元）
可以理解为通过出口该商品，每换回 1 美元用 6.456 元人民币，而外汇牌价为每买入 1 美元用 8.2 人民币，因此每换回 1 美元可赢利：8.2 − 6.456 = 1.744（元人民币），赢利率为：1.744/6.456 × 100% = 27%，与前例的计算结果相吻合。

（二）进口商品盈亏核算的几个指标核价

1. 进口商品盈亏率。

进口商品盈亏率是指进口盈亏额和进口总成本之间的比率，即：

进口盈亏率 = 进口盈亏额/进口总成本

进口盈亏额 = 进口销售收入 − 进口总成本

2. 进口商品价格核算。

进口商品价格核算是指外贸公司对进口商品的进口价格以及进口关税和各项费用的核算，以确定合理的利润留成，制定正确的销售价格。其中，对进口关税和各项费用的统计和计算是非常重要的。

（1）进口关税。加入 WTO 后，我国对大部分进口商品的关税进行了调整，降低了大部分商品的进口税率，并取消了部分商品的关税。和出口关税的征收方法一样，进口关税大都是从价计征的。计算公式为：

进口关税 = 进口商品完税价格 × 进口关税税率

我国进口商品完税价格一般是以 CIF 价作为完税价格，因此，若是 CFR 价或 FOB 价时，将其折算为 CIF 价，即：

（ⅰ）以 CIF 价格成交：成交价格即完税价格。

（ⅱ）以 CFR 价格成交：

$$完税价格 = \frac{CFR}{1 - 保险费率}$$

（ⅲ）以 FOB 价格成交：

$$完税价格 = \frac{FOB + F}{1 - 保险费率}$$

（2）消费税。消费税是针对进口烟、酒、化妆品、护肤护发品、贵重首饰等商品征收的。消费税的计税价格和应纳税额的计算公式为：

计税价格 =（关税完税价格 + 关税）/（1 − 消费税率）

应纳税额 = 计税价格 × 消费税率

（3）增值税。在我国，增值税的税率有三种：第一种是出口货物适用的零税率；第二种是属于特定货物适用的低税率 13%；第三种是一般货物适用的基本税率 17%。增值税的计税价格和应纳税额的计算公式为：

计税价格 = 关税完税价格 + 关税 + 消费税

应纳税额 = 计税价格 × 增值税率

第三节　国际贸易实务中的询盘和发盘概述

在国际贸易中，交易磋商的一般程序可概括为四个环节，即询盘、发盘、还盘和接受。

一、询盘

询盘（enquiry）又称询价，是指买方为了购买或卖方为了销售货物而向对方提出有关交易条件的询问。其内容可以是只询问价格，也可询问其他一项或几项交易条件，以致要求对方向自己做出发盘。

询盘的内容可以涉及某种产品的品质、规格、数量、包装、价格和装运等成交条件，也可以索取样品，其中多数是询问成交价格的，因此在实际业务中，也有人把询盘称为询价。如果发出询盘的一方只是想探询价格，并希望对方开出估价单（estimate），则对方根据询价要求所开出的估价单只是参考价格，它并不是正式的报价，因而不具备发盘的性质。

询盘对于询盘人和被询盘人均无法律上的约束力，而且不是交易磋商的必经步骤。但是它往往是一笔交易的起点，所以作为被询盘的一方应对接到的询盘给予重视，并及时和适当地处理。

二、发盘

发盘（offer）又称发价，在法律上称为“要约”，是买方或卖方向对方提出各项交易条件，并愿意按照这些条件达成交易、订立合同的一种肯定的表示。在实际业务中，发盘通常是一方在收到对方的询盘之后提出的，但也可以不经对方询盘而直接向对方发盘。发盘的方式有书面和口头两种，书面发盘包括使用信件、电报、电传和传真。发盘人可以是卖方，也可以是买方。前者称为售货发盘（selling offer），后者称为购货发盘（buying offer），习惯称之为“递盘”（bid）。

发盘在有效期内，发盘人不得任意撤销或修改其内容。发盘一经对方在有效期内表示无条件的接受，发盘人将受其约束，并承担按发盘条件与对方订立合同的法律责任。发盘一般采用的语句如下：发盘（offer）、报价（quote）、递实盘（bid firm；firm bid）等。

在我国进出口业务中，发盘分为两种：一种是有约束力的发盘（offer with

engagement)，习惯叫实盘（firm offer)；另一种是无约束力的发盘（offer without engagement)，习惯叫虚盘。在西方各国法律中规定，实盘属于要约性质，故对发盘人具有法律的约束力；而虚盘仅仅是一种“洽商的邀请”，故对发盘人不具约束力。但在《国际货物销售合同公约》中没有虚盘的概念，也不采用实盘的名称。

（一）构成有效实盘的条件

在西方各国法律中，一般把实盘看成是一项肯定的要约，一般应具备以下三个条件：

（1）发盘人必须清楚表明愿意按照所发实盘的内容订立合同的意思。

（2）实盘的内容必须是明确的（clear)、完整的（complete)、无保留的（final)。这是三项基本习惯要求。所谓明确的，是指实盘的内容清楚确切，没有含糊和模棱两可的词句。所谓完整的，是指买卖商品的主要交易条件是完备的。所谓无保留的，是指发盘人愿意按所提各项交易条件同受盘人订立合同，除此之外没有任何其他保留条件。例如：“发盘，中国松香 ww 级，铁桶装，100 公吨，四～五月份装船，CFR 鹿特丹每公吨 200 英镑，不可撤销即期信用证付款，我方时间 20 日复到有效”（Offer Chinese rosin ww grade iron-durm100M/T shipment April/MayCFRRotterdamGBP200 Per M/T Payment irrevocable sight L/C subject to reply here 20th our time)。分析上述电报，发盘人有肯定订立合同的意图，具备要约的三个基本要求，是一个实盘。只要受盘人在有效期限内表示完全同意，交易即可达成。另外，也有的实盘交易条件很简单，如“发盘，7 月 5 日我方时间复到有效，ww 级松香 100 公吨，条件与我方 6 月 9 日电同”。这是由于双方事前已就一般交易条件达成协议，或者双方已有默契的习惯做法，或者双方订有代理。由于有包销等长期协议等原因，在发实盘时，对于交易条件就不一定要一一列明。特别是还盘，内容更为简单，这是由于对原发盘中已同意的内容在还盘中可以不再重新列明。

（3）实盘必须传达到受盘人才能生效。因为受盘人必须收到实盘，才能决定是否予以承诺（接受)。

（二）发盘的有效期限（Duration of offer)

作为一个实盘，都要有一个有效期限，由发盘人在发盘中明确规定。这有两种规定方法。

（1）明确规定有效期限。例如：“8 日复到有效”（Subject to reply here 8th)。按照惯例，凡规定了有效期的实盘，发盘人在规定期限内不得变更或撤销，受盘人必须在有效期内表示接受才有效。但在接受函电生效日期方面，西方国家的法律有不同的规定。《普通法》((Common LAW)，又称《英美法》）国家规定，受盘人只要在规定期限内，接受函电一经投邮发出，即书信投入邮局信箱，电报交到电报局发出就有效。这叫“投邮主义”（mail box rule）。《大陆法》国家规定，受盘人必须在规定期限内，将接受函电送到发盘人支配范围为有效。一般指送到受盘人的营业地点或经常居住地点，不一定要求送到受盘人之手。这叫“到达主义”（received the letter of acceptance）。由于国际上存在上述两种不同的规定，为避免发生纠纷，我国发盘时一般明确规定以收到接受函电的时间为准。另外，由于国际时差的原因（中国北京时间与伦敦差 8 小时，与纽约差 13 小时），对大宗商品或价格波动较大的商品的发盘，要明确规定以发盘人当地时间计算，即“我方时间”（our time）为准。如“我方时间 8 日收到有效”（Subject to reply here 8th our time）。

（2）规定在合理的时间内（reasonable time）内有效。按照《普通法》国家的习惯，受盘人应在“合理时间”内接受有效；按照《大陆法》规定，为“依通常情况可期待得到承诺的时间内”接受有效。何谓“合理时间”，何谓“可期待得到承诺的时间”，各国法律均无明确解释。我国一般不采用这种方式发盘。

（三）发盘的撤回与撤销

1. 发盘的撤回。

发盘发出后，发盘人是否可以撤回发盘或变更其内容，在这个问题上，英美法与大陆法两大法系之间存在着尖锐的矛盾。英美法认为，发盘原则上对发盘人没有约束力。发盘人在受盘人对发盘表示接受之前的任何时候，都可以撤销发盘或变更其内容。而大陆法则认为，发盘对发盘人有约束力。

根据《联合国国际货物销售合同公约》的规定，一项发盘（包括注明不可撤销的发盘）只要在其尚未生效以前，都是可以修改或撤回的。因此，如果发盘人发盘内容有误或因其他原因想改变主意，可以用更迅速的通信方式将发盘的撤回或更改通知赶在受盘人收到该发盘之前或同时送达受盘人，则发盘就可以撤回或修改。了解这一点对我国从事进出口业务的工作人员具有重要的实际意义。假如想撤回或修改已经发出的发盘，就必须要有准确的时间概念，例如发盘是何时发出的，预计何时可送达对方，然后再考虑采取更快的通讯方式是否可以撤回或修改发盘。

2. 发盘的撤销。

关于发盘能否撤销的问题，英美法与大陆法存在严重的分歧。英美法认为，在受盘人表示接受之前，即使发盘中规定了有效期，发盘人也可以随时予以撤销，这显然对发盘人片面有利。这种观点在英美法国家中也不断受到责难。有的国家在制定或修改法律时，实际上已在不同程度上放弃了这种观点。大陆法系国家对此问题的看法相反，认为发盘人原则上应受其发盘的约束，不得随意将其发盘撤销。例如德国法律规定，发盘在有效期内，或没有规定有效期，则通常情况在可望得到答复前不得将其撤销。

为了调和上述两大法系在发盘可否撤销问题上的分歧，《联合国国际货物销售合同公约》采取了折中的办法。该公约第16条规定，在发盘已送达受盘人，即发盘已经生效，但受盘人尚未表示接受之前这一段时间内，只要发盘人及时将撤销通知送达受盘人，仍可将其发盘撤销；如一旦受盘人发出接受通知，则发盘人无权撤销该发盘。

此外，《联合国国际货物销售合同公约》还规定，并不是所有的发盘都可以撤销，下列两种情况下的发盘一旦生效，则不得撤销：（1）在发盘中规定了有效期，或以其他方式表示该发盘是不可被撤销的；（2）受盘人有理由信赖该发盘是不可撤销的，并本着对该发盘的信赖采取了行动，例如受盘人已申请开立信用证或已备货。

第四节　仿真模拟国际贸易实务中的询盘

一、实验流程

1. 实验参与方。

进/出口商。

2. 实验单据。

报价单（见附表4-1）。

3. 实验步骤。

（1）买方发出的询盘，习惯上叫“邀请发盘”（invitation to make an offer）。如：“中国松香ww级100公吨，8月份装船，请报CIF安特卫普价”（Please offer Chinese rosin ww grade 100 M/T August shipment CIF Antwerp）。

（2）由卖方发出的询盘，习惯上叫“邀请递盘”（invitation to make a bid）。如：“可供中国松香ww级，8、9月份装船，请递实盘”（We can supply Chinese rosin ww grade shipment Aug. /sep. please firm bid）。

（3）询盘时，一般不直接用“询盘”字样，而通常用下列一类语句：

请告……

Please advise……

请电传告……

Please advise by telex……

请报价……
Please quote……
对××有兴趣，请……
Interested in……please……
请发盘……
Please offer……
请报价……
Please quote……

二、实验成果与评价

实验成果：在国际贸易业务中，发出询盘的目的除了探询价格或有关交易条件外，有时还表达了与对方进行交易的愿望，希望对方接到询盘后能及时做出发盘，以便考虑接受与否。

实验评价：询盘是一笔交易的起点，主要是探询该商品和服务的成交条件，获得交易的可能性。

第五节　仿真模拟国际贸易实务中的发盘

一、实验流程

1. 实验参与方。
进/出口商。
2. 实验步骤。
(1) 计算进口产品价格（进口商）；计算出口产品价格，发送报价单（出口商）。
(2) 撰写发盘函。发盘一般采用下列术语和语句：
发盘（offer）
发实盘（offer firm; firm offer）
报价（quote）
供应（supply）
可供应（can supply）
订购（book; booking）
定货（order; ordering）
可订（can book; bookable）

递盘（bid; bidding）

递实盘（bid firm; firm bid）

二、实验成果与评价

实验成果：了解发盘的基本构成要素包括商品名称、数量或规定数量的方法和价格或规定价格的方法。

实验评价：在实际业务中，如发盘的交易条件过少或过于简单，往往会给合同的履行带来困难，甚至容易引起争议。因此，在对外发盘中，最好将品名、品质、数量、包装、价格、交货时间、地点和支付办法等主要交易条件一一列明。

第六节　案例分析与理论思考

一、案例分析

（一）出口报价核算实例分析

在此，利用上海市纺织品进出口公司向美国 CRYSTAL KOBE LTD. 的报价进行核算。报价资料：每打 CIFC3% NY，共 400 打女士短衫；含增值税 17% 的成本是 27.41CNY/PIECE，退税率为 9%；国内费用包括运杂费 860 元人民币，商检报关费 150 元人民币，港区杂费 600 元人民币，认证费 80 元人民币，业务费 1 000 元人民币，其他费用 800 元人民币；海洋运输费用为 2 070 美元；海运保险按 CIF 价格加 10% 投保中国人民保险公司海运货物保险条款中的一切险和战争险，其保险费率合计为 0.85%；客户佣金为出口报价的 3%，利润为报价的 10%，当时的汇率为 8.25 元人民币兑换 1 美元。请核算 CIFC3% NY 价是多少？

分析如下

成本：含税成本：27.41 元人民币/件

退税收入：$27.41 \div (1+17\%) \times 9\% = 2.108\ 5$（元人民币/件）

实际成本：$27.41 - 2.108\ 5 = 25.301\ 5$（元人民币/件）

费用：国内费用：$(860+150+600+80+1\ 000+800) \div 4\ 800 = 0.727\ 1$（元人民币/件）

出口运费：$2\ 070 \times 8.25 \div 4\ 800 = 3.557\ 8$（元人民币/件）

客户佣金：报价 $\times 3\%$

保险费：CIF 报价 $\times 110\% \times 0.85\%$

利润：报价 $\times 10\%$

CIF 报价 = 成本 + 费用 + 利润

= 25.301 5 + 0.727 1 + 3.557 8 + 报价 × 3%

（实际成本）（国内运费）（出口运费）（客户报价）

+ 报价 × 110% × 0.85% + 报价 × 10%

（海运保险费）　　　　　（预期利润）

$$\text{CIFC3\%} = \frac{25.3015 + 0.7271 + 3.5578}{1 - 3\% - 110\% \times 0.85\% - 10\%}$$

= 29.586 4 ÷ 0.860 7

= 34.374 8 ÷ 8.25 = 4.166 6（美元/件）

即每打约报价 50 美元。

（二）出口还价核算实例分析

美国 CRYSTAL KOBE LTD. 收到上海市纺织品进出口公司后，对其报价进行了还价。还价要求：每打 USD45 CIFC3% NY，共 400 打女士短衫。那么，上海市纺织品公司能否接受呢？这就要进行还价核算。

还价核算分析：

利润 = 销售收入 − 实际购货成本 − 国内费用 − 海洋运费 − 保险费 − 佣金

= 45 × 8.25 ÷ 12 − 25.301 5 − 0.727 1 − 3.557 8 − 45 × 8.25 ÷ 12（110% × 0.85% + 3%）

= 30.937 5 − 25.301 5 − 0.727 1 − 3.557 8 − 1.217 4

= 0.133 7 元人民币/件

总利润额 = 0.133 7 × 400 × 12 = 641.76 元人民币

利润率 = 0.133 7 × 12 ÷ (45 × 8.25) × 100% = 0.432%

即每打约报价 50 美元。

由以上分析可知，对方的还价上海市纺织品进出口公司无法满足，因其利润率太低，而且国内费用和采购的费用也无法降低。所以，上海市纺织品进出口公司应向对方说明由于国内原材料价格和物价水平的上涨，每打 45 美元的报价无利可图，并经过仔细核算，报出每打 48.5 美元 CIFC3% NY 的最低价，对方于 8 月 24 日来函再追加订购 100 打。

（三）出口成交核算实例

以上例为例，按每打 48.50 美元 CIFC3% NY 的报价进行核算。

具体核算如下：

购货总成本 = 27.41 × 500 × 12 = 164 460（元人民币）

出口退税收入 = 164 460 ÷ (1 + 17%) × 9% = 12 650.769 2（元人民币）

国内费用总额 = 860 + 150 + 600 + 80 + 1 000 + 800 = 3 490（元人民币）

出口运费总额 $=2\ 070\times 8.25=17\ 077.50$（元人民币）

合同利润总额 = 销售收入 + 出口退税收入 − 出口运费 − 出口保险费 − 客户佣金 − 采购成本 − 国内费用

$=48.50\times 8.25\times 500+12\ 650.769\ 2-17\ 077.50-48.50\times 8.25\times 500\times 110\%\times 0.85\%-48.50\times 8.25\times 500\times 3\%-164\ 460-3\ 490$

$=19\ 813.309\ 8$（元人民币）

利润率 $=19\ 813.309\ 8\div 200\ 062.50\times 100\%=9.90\%$

（四）出口商品盈亏核算实例分析

以上海市纺织品进出口公司向美国 CRYSTAL KOBE LTD. 的报价为例，核算上海市纺织品公司的出口商品盈亏率和出口商品换汇成本。

出口商品盈亏率的核算如下：

出口销售人民币总收入 $=48.50\times 8.25\times 500=200\ 062.50$（元人民币）

出口商品总成本 $=164\ 460+3\ 490-12\ 650.769\ 2$

$=155\ 299.230\ 8$（元人民币）

出口商品盈亏额 = 出口销售人民币总收入 − 出口总成本 − 运费 − 保险费

$=200\ 062.50\ (1-3\%)-155\ 299.230\ 8-17\ 077.50-1\ 870.584\ 4$

$=19\ 813.309\ 8$（元人民币）

出口商品盈亏率 $=19\ 813.309\ 8\div 155\ 299.230\ 8\times 100\%=12.76\%$

出口商品换汇成本的核算如下：

出口商品的外汇净收入（FOB 价）$=24\ 250\ (1-3\%)-2\ 070-24\ 250\times 110\%\times 0.85\%$

$=23\ 522.50-2\ 070-226.737\ 5$

$=21\ 225.762\ 5$（美元）

出口总成本 $=155\ 299.230\ 8$（元人民币）

换汇成本 $=155\ 299.230\ 8\div 21\ 225.762\ 5=7.316\ 5$（元人民币/美元）

可以理解，上海市纺织品进出口公司通过出口该商品，每换回 1 美元用 7.316 5 元人民币，而外汇牌价为每买入 1 美元用 8.25 元人民币，因此每换回 1 美元可赢利：$8.25-7.316\ 5=0.933\ 5$（元人民币），赢利率为：$0.933\ 5\div 7.316\ 5\times 100\%=12.76\%$，与前例的计算结果相吻合。

（五）进口商品盈亏核算实例

1. 进口商品盈亏率。

我某外贸公司进口面料共 800 码，进口价格为每码 6 美元 CIF 上海，进口税为 12%，其他国内费用以人民币计：报关费为 200 元，货物检验费为 150 元，国内运费为 300 元，杂费为 100 元。进口面料经国内加工后成衣出口总计可获净收入为 7 000 美元。若当时中国银行的外汇牌价为 USD1 = RMB8.20，则该批进口商品的盈亏率计算如下：

进口总成本 = 进口原料价格 + 各种费用

= 800 × 6 (1 + 12%) + (200 + 150 + 300 + 100) ÷ 8.2

= 5 376 + 91.46 = 5 467.46（美元）

进口销售收入 = 7 000 美元

进口盈亏额 = 进口销售收入 − 进口总成本

= 7 000 − 5 467.46

= 1 532.54 美元

进口盈亏率 = 进口盈亏额 ÷ 进口总成本

= 1 532.54 ÷ 5 467.46

= 28.03%

2. 进口商品价格核算。

某进出口公司计划从美国进口美容器械 2 台，每台价格是 3 000 美元 FOB 纽约，海运运费估计为 2 500 美元，保险费 300 美元，进口关税税率为 33%，增值税应缴 17%，进口的其他杂费如领证费、报关费、商检费和国内运输费等总计为 1 800 元人民币，消费税率为 17%。如果该公司期望的利润率为 20%，则国内销售价格应至少制定为多少？（若外汇牌价为 1 美元 = 8.2 元人民币）

第一步，计算关税完税价格和关税：

关税完税价格 = FOB 价 + 运费 + 保险费 = (3 000 × 2 + 2 500 + 300) × 8.2

= 72 160（元人民币）

关税 = 关税完税价格 × 关税税率 = 72 160 × 33% = 23 812.80（元人民币）

第二步，计算消费税和增值税：

消费税的计税价格 = (关税完税价格 + 关税) ÷ (1 − 消费税率)

= (72 160 + 23 812.80) ÷ (1 − 17%) = 115 630（元人民币）

消费税 = 计税价格 × 增值税率 = 115 630 × 7% = 19 657.10（元人民币）

增值税计税价格 = 关税完税价格 + 关税 + 消费税

= 72 160 + 23 812.80 + 19 657.10 = 115 630（元人民币）

应纳增值税税额 = 计税价格 × 增值税率

= 115 630 × 7% = 19 657.10（元人民币）

第三步，计算进口总成本：

进口总成本 = FOB 价 + 海运运费 + 保险费 + 关税 + 消费税 + 增值税 + 杂费

=49 200 + 20 500 + 2 460 + 23 812.80 + 19 657.10 + 19 657.10 + 1 800

=137 087（元人民币）

第四步，计算国内销售价格：

国内销售价格 = 进口总成本 ×（1 + 利润率）

= 137 087 ×（1 + 20%）= 164 504.40（元人民币）

即每台应售 82 252.20 元人民币。

（六）询盘案例

现以美国 CRYSTAL KOBE LTD. 向上海市纺织品进出口公司发出一封询盘函为例，具体如下。

CRYSTAL KOBE LTD

1410 BROADWAY，ROOM 300 NEW YORK，NY10018 U. S. A.

TEL：599 – 525 – 7000 FAX：73423 FNCB HX

TO：SHANGHAI TEXTILES IMPORT & EXPORT CORPORATION
(FAX：8621 – 65124743)
FM：CRYSTAL KOBE LTD. (FAX：73423 FNCB HX)
DT：August 8，2001

Dear Sirs：

We are importers of textiles and manufactured cotton goods. We have recently conclude some satisfactory business with CHINA TEX KNITWEAR AND MANUFACTURED GOODS IMPORT & EXPORT CORPORATION. We now have a good demand for ladies' blouse 400 DOZ and therefore write to you in the hope of establishing business relations.

From your recently published catalogue，we notice that you are able to supply ladies' blouse，and we should be grateful if you would kindly send us some samples of the goods which you can supply together with a comprehensive price list giving details of packing and specification the time of shipment so as to enable us to go fully into the possibilities of business.

We look forward to your early news and trust that through our mutual cooperation we shall be able to conclude some transactions with you in the near feature.

Yours Faithfully
CRYSTAL KOBE LTD.
Purchasing Manager

（七）发盘实例

上海市纺织品进出口公司向美国 CRYSTAL KOBE LTD. 发盘，拟写了一份发盘函。报价单如下。

SHANGHAI TEXTILES IMPORT & EXPORT CORPORATION
27. CHUNGSHAN ROAD E. 1. SHANGHAI CHINA
TEL：8621－65342517 FAX：8621－65724743

TO：CRYSTAL KOBE LTE. （FAX：73423 FNCB HX）
FM：SHANGHAI TEXTILES IMPORT & EXPORT CORPORATION
DT：August 12，2001

Dear Sirs：
We are very pleased to receive your enquiry of 8th August and enclose our price list giving the details you ask for. Also by separate post we are sending you some samples and feel confident that when you have examined you will agree that the goods are both excellent in quality and reasonable in price.
Because of their softness and durability，our all ladies' blouse are rapidly becoming popular and after studying our prices you will learn that we are finding it difficult to meet the demand.
We look forward very much to the pleasure of receiving an order from you.

Yours Sincerely
SHANGHAI TEXTILES IMPORT & EXPORT CORP.
× × ×

（八）报价单的填写案例

现以中国纺织品进出口公司上海市分公司报价单为例，具体如下：

中国纺织品进出口公司上海市分公司
CHINA NATIONAL TEXTILE IMPORT & EXPORT CORPORATION SHANGHAI BRANCH

27 Chungshan Road E. 1 SHANGHAI CHINA

TEL：8621－65342517　　FAX：8621－65124743

报价单
QUOTATION

致

Messrs.　CRYSTAL KOBE LTD.　　日期

Dated　AGU. 8，2001.

兹报供下列商品，均以我最后确认为准

The following articles are quoted subject to our final confirmation：

货号 ART. NO.	品名 COMMODITY	规格 SPECIFICATIONS	包装 PACKING	单价 UNIT PRICE	装船期 SHIPMENT
H32331SE	LADIES' BLOUSE	55% ACRYLIC 45% COTTON KNITTED	IN CORTON	USD 50 PER ON	DOZ CIF NY OR BEFORE DEC. 20，2001

付款方式

PAYMENT：BY SIGHT L/C

保险

INSURANCE：For 110% INVOICE VALUE COVERING ALL RISKS

二、理论思考

1. 常用的贸易术语包括哪些？它们之间有什么区别？

2. 进出口贸易中的报价有几种计算方式？

3. 陶瓷娃娃的采购成本为每打576元人民币（含17%增值税），出口退税率为9%，东鹏公司出口一个20英尺集装箱陶瓷娃娃的国内包干费用总计为3 800元人民币（40英尺集装箱国内包干费为7 000元人民币）；公司内部的经营管理费用是采购成本的3%。如果客户出价每打CIFC3%利物浦

46.6 英镑，试计算：

（1）出口一个 20 英尺集装箱能够获利多少元人民币？

（2）若公司坚持 5% 的销售利润率，那么其能够接受的 CIFC5% 价格应为每打多少英镑？

（3）如果汇率变化为 1 英镑兑换 13.38 元人民币，出口商按客户价格成交共能获利多少元人民币？

（4）如果汇率不变，进口商增加订货至一个 40 英尺整箱，在出口退税率下调 1 个百分点的情况下，计算出口商的总利润额和出口利润率。

（5）若出口商 5% 的出口利润率不变，在题（4）条件下，东鹏公司应向英国客户提出的还价为每打多少英镑？

注：汇率 1 英镑兑换 13.4 元人民币；运价：20 英尺货柜为 2 180 美元，40 英尺货柜为 4 032美元；投保：按 CIF 报价的 120% 投保费率为 0.96%。

4. 询盘和发盘具有哪些法律效力？

第三章　仿真实习环境下的还盘和接受

第一节　国际贸易实务中的还盘和成交概述

一、还盘

还盘（counter - offer）又称还价，是受盘人对发盘内容不完全同意而提出修改或变更的表示。还盘既是受盘人对发盘的拒绝，也是受盘人以发盘人的身份所提出的新发盘。一方的发盘经对方还盘以后即失去效力，除非得到原发盘人同意，受盘人不得在还盘后反悔，再接受原发盘。

对还盘再作还盘，实际上是对新发盘的还盘。一方发盘后，另一方如对其内容不同意，可以进行还盘。同样地，一方还盘后，另一方如对其内容不同意，也可以再进行还盘。一笔交易有时不经过还盘即可达成，有时要经过还盘甚至往返多次的还盘才能达成。还盘不仅可以针对商品价格，也可以对交易的其他条件提出意见。在还盘时，对双方已经同意的条件一般无须重复列出。

根据《联合国国际货物销售合同公约》的规定，受盘人对货物的价格、付款、品质、数量、交货时间与地点、一方当事人对另一方当事人的赔偿责任范围或解决争端的办法等提出添加或更改，均作为实质性变更发盘条件。英国法律认为，除了以上各项条件外，对包装的修改也是实质性变更发盘条件。

此外，对发盘表示有条件的接受，也是还盘的一种形式。例如受盘人在答复发盘人时附加有“待最后确认为准”、“未售有效”等规定或类似的附加条件，这种答复只能视做还盘或邀请发盘。还盘的内容凡不具备发盘条件，即为“邀请发盘”。如还盘的内容具备了发盘条件，就构成了一个新的发盘，还盘人成为新发盘人，原发盘人成为新受盘人，他有对新发盘做出接受、拒绝或再还盘的权利。

二、接受

接受（acceptance）在法律上称“承诺”，是买方或卖方无条件地同意对方在发盘中提出的各项交易条件，并愿意按这些条件与对方达成交易、订立合同的一种肯定的表示。一方的发盘经另一方接受，交易即告达成，合同即告订立，双方就应分别履行其所承担的合同义务。表示接受一般用“接受”（accept）、“同意”（agree）和“确认”（confirm）等术语。

（一）构成接受的条件

构成一项有效的接受，必须具备下列各项条件。

1. 接受必须由受盘人做出。

发盘是向特定的人提出的，因此，只有特定的人才能对发盘做出接受。由第三方做出的接受，不能视为有效的接受，只能作为一项新的发盘。

2. 接受必须是同意发盘所提出的交易条件。

根据《联合国国际货物销售合同公约》的规定，一项有效的接受必须是同意发盘所提出的交易条件，只接受发盘中的部分内容，或对发盘条件提出实质性的修改（对货物的价格、付款、品质、数量、交货时间与地点、一方当事人对另一方当事人的赔偿责任范围或解决争端的办法等条件提出添加或更改，均作为实质性修改），或提出有条件的接受，均不能构成接受，只能视做还盘。但是，若受盘人在表示接受时，对发盘内容提出某些非实质性的添加、限制和更改（如要求增加重量单、装箱单、原产地证明或某些单据的份数等），除非发盘人在不过分迟延的时间内表示反对其间的差异外，仍可构成一项有效的接受，从而使合同得以成立。在此情况下，合同的条件就以该项发盘的条件以及接受中所提出的某些更改为准。

3. 接受必须在发盘规定的时效内做出。

当发盘规定了接受的时限时，受盘人必须在发盘规定的时限内做出接受表示方为有效。如发盘没有规定接受的时限，则受盘人应在合理时间内表示接受。对何谓“合理时间”，往往有不同的理解。为了避免不必要的争议，最好在发盘中明确规定接受的具体时限。发盘人发盘时，有的具体规定接受通知的传递方式，也有的未做规定的。如发盘没有规定传递方式，则受盘人可按发盘所采用的或采用比其更快的传递方式将接受通知送达发盘人。

4. 接受必须表示出来。

接受必须由受盘人以某种方式向发盘人表示出来。受盘人表示接受的方式有两种：一种是用“声明”（statement）做出表示，即受盘人用口头或书面形式向发盘人表示同意受盘。这是国际贸易中最常用的表示方法。另一种是用“做出行为”（performing an act）来表示。例如，发盘人在发盘中要求“立即装运”，发盘人可做出立即发运货物的行为对发盘表示同意，而且这种以行为表示的接受在装运货物时立即生效，合同即告成立，发盘人就应受其约束。但是在对外贸易的实践中，一般不建议这样做。

（二）接受生效的时间

接受是一种法律行为，这种行为何时生效，各国法律有不同的规定。在接受生效的时间问题上，英美法与大陆法存在着严重分歧。英美法采用“投邮生效”的原则，即接受通知一经投邮或通过电报局发出，则立即生效；大陆法采用“到达生效”的原则，即接受通知必须送达发盘人时生效。《联合国国际货物销售合同公约》第18条第2款明确规定，接受送达发盘人时生效。如果表示同意的通知未在发盘规定的时限内送达发盘人，或者发盘没有规定时限，并且在一段合理时间内未曾送达发盘人，则该项接受称为逾期接受（late acceptance）。按照各国法律的规定，逾期接受不是有效的接受。

（三）逾期接受

逾期接受又称为迟到的接受。虽然各国法律一般认为逾期接受无效，它只能视做一个新的发盘，但《联合国国际货物销售合同公约》对这个问题做了灵活的处理。《联合国国际货物销售合同公约》第21条第1款规定，只要发盘人毫不延迟地用口头或书面通知受盘人，认为该项逾期的接受可以有效，愿意承受逾期接受的约束，合同仍可于接受通知送达发盘人时订立（在这里可以将逾期接受视为一项新的发盘）。如果发盘人对逾期的接受表示拒绝或不立即向受盘人发出上述通知，则该项逾期的接受无效，合同不能成立。

《联合国国际货物销售合同公约》第21条第2款规定，如果载有逾期接受的信件或其他书面文件显示，依照当时寄发的情况，只要传递正常，它本来是能够及时送达发盘人的，则此项逾期的接受应当有效，合同于接受通知送达发盘人时订立；除非发盘人毫不延迟地用口头或书面形式通知受盘人，认为其发盘因逾期接受而失效。

以上表明，逾期接受是否有效，关键要看发盘人如何表态。但是发盘人必须正确区分逾期接受产生的原因，因为逾期接受产生的原因不同，发盘人认为逾期接受有效的表达方式也是不同的。

（四）接受的撤回或修改

在接受的撤回或修改问题上，《联合国国际货物销售合同公约》采用了大陆法的“到达生效”原则。《联合国国际货物销售合同公约》第22条规定：“如果撤回通知于接受原应生效之前或同时送达发盘人，接受得予撤回。”由于接受在送达发盘人时才产生法律效力，故撤回或修改接受的通知只要先于原接受通知或与原发盘接受通知同时送达发盘人，则接受可以撤回或修改。如接受已送达发盘人，即接受一旦生效，合同即告成立，就不得撤回接受或修改其内容，因为这样做无异于撤销或修改合同。

第二节　仿真模拟国际贸易实务中的还盘

一、实验流程

（一）实验参与方

进/出口商。

（二）实验步骤

1. 针对发盘人的发盘函的不同意的部分进行还盘，不仅可以针对商品的价格，也可以对交易的其他条件提出意见。

2. 如果另一方对还盘不满意，也可以对还盘进行再还盘。

3. 可以往返多次还盘。

例如，10 月 12 日来电传（还盘）如下：

你 10 日电传价太高，还盘 130 美元，限 14 日复。

Yours tenth price too high counteroffer USD130 reply fourteenth.

10 月 14 日去电传（对还盘作再还盘）：

你 12 日电传最低价 140 美元，限 18 日复到。

Yours twelfth lowest USD140 subject reply eighteenth here.

二、实验成果与评价

实验成果：还盘使得双方交换交易信息，进行谈判，其应促使进出口双方尽快达成成交或不成交协议。

实验评价：还盘实际上是进出口双方讨价还价的过程，通过此过程为己方争取最有利的交易条件。

第三节　仿真模拟国际贸易实务中的成交

一、实验流程

1. 实验参与方。

进/出口商。

2. 实验步骤。

（1）如果对对方提出的条件能够接受的话，就向对方表示达成交易、订立合同。表示接受一般用“接受”（accept）、“同意”（agree）、“确认”（confirm）

等术语。例如，10 月 16 日来电传（接受）内容如下：

你 14 日电传我接受。

Yours fourteenth we accept.

（2）若对方不同意己方提出的条件，则此次交易失败。

二、实验成果与评价

实验成果：在交易磋商过程中，一方发盘经另一方接受以后，交易即告成立，买卖双方就构成了合同关系。

实验评价：双方在磋商过程中的往返函电，即是合同的书面证明。但根据国际贸易习惯，买卖双方还要签订书面合同。

第四节　案例分析与理论思考

一、案例分析

（一）还盘案例

接上章案例，美国 CRYSTAL KOBE LTD. 收到上海纺织品进出口公司的发盘给出了还盘函，具体如下：

CRYSTAL KOBE LTD.
1410 BROADWAY，ROOM 300 NEW YORK，NY10018 U. S. A.
TEL：599 -525 -7000 FAX：73423 FNCB HX

TO：SHANGHAI TEXTILES IMPORT &EXPORT CORPORATION
（FAX：8621 -65124743）
FM：CRYSTAL KOBE LTD. （FAX：73423 FNCB HX）
DT：August 20，2001

Dear Sirs：
Thank you for your letter dated August 12，2001 and attached quotation.

After careful examining and comparison with other brands of similar products，we found that your price is higher than the average in the market. In order to allow us a better competing position, we shall be grateful if you could reduce the price to USD 45 per DOZ CIF LESS 3% DISCOUNT. Moreover, we advise you to make some adjustment of your terms of payment L/C to D/P at sight and that the time of shipment should be on or before Nov. 20, 2001.

We hope we can enter a lasting business relationship with you and look forward to receiving your reply.

Yours Faithfully,
CRYSTAL KOBE LTD.
Purchasing Manager

（二）对还盘的还盘

上海纺织品进出口公司收到美国 CRYSTAL KOBE LTD. 的还盘后，给出了一封还函，内容如下。

SHANGHAI TEXTILES IMPORT & EXPORT CORPORATION
27. CHUNGSHAN ROAD E. 1. SHANGHAI CHINA
TEL: 8621－65342517　FAX: 8621－65724743

TO: CRYSTAL KOBE LTE. (FAX: 73423 FNCB HX)
FM: SHANGHAI TEXTILES IMPORT & EXPORT CORPORATION
DT: August 23, 2001

Dear Sirs:
We have received your fax of August 20, 2001. We are sorry to tell you that your prices are not appropriate to us. As you know, wages and materials have risen considerably theses days.

We are compelled to adjust our prices to cover the increasing cost. USD 48.5 per DOZ is our lowest level, which leaves us with only the smallest profit.

Although we have confidence in your integrity, our usual terms of payment by sight L/C remain unchanged in all cases with new clients. So for the time being, we regret our inability to accept your D/P terms. Maybe after several smooth and satisfactory transactions, we can consider other flexible ways.

The time of shipment should be effected within 2 months from receipt of the relevant L/C.

For your information, the demand for our products has been extremely great recently. This offer is valid for 5 days and we looking forward to receiving your order at the earliest date.

Yours Sincerely
SHANGHAI TEXTILES IMPORT & EXPORT CORP.
× ××

(三) 接受还盘

美国 CRYSTAL KOBE LTD. 收到上海纺织品进出口公司的回函后，于 2001 年 8 月 24 日回函表示接受，并按回样条件再订 100 打。上海纺织品公司于 26 日回函确认，并要求对方尽快开立信用证。回函如下：

SHANGHAI TEXTILES IMPORT & EXPORT CORPORATION
27. CHUNGSHAN ROAD E. 1. SHANGHAI CHINA
TEL: 8621 - 65342517 FAX: 8621 - 65724743

TO: CRYSTAL KOBE LTE. (FAX: 73423 FNCB HX)
FM: SHANGHAI TEXTILES IMPORT & EXPORT CORPORATION
DT: August 26, 2001

Dear Sirs:
Thank you for your fax of August 24, 2001.

Enclosed are two copies of your Sales Confirmation No 21SSG - 017. Please sign and return one copy for our file.

We can assure you of the high quality as well as the punctuate delivery so long as the relative L/C reaches our end in time. We suppose the conclusion of this transaction will lead to more business in future.

We appreciate your co-operation and look forward to receiving your further orders.

Yours Truly
SHANGHAI TEXTILES IMPORT & EXPORT CORP.
×　×　×

二、理论思考

1. 还盘具有何种法律效力?
2. 什么样的还盘能构成成交?

第四章　仿真实习环境下的合同会签

第一节　国际货物买卖合同概述

在交易磋商过程中，一方发盘经另一方接受以后，交易即告成立，买卖双方就构成了合同关系。双方在磋商过程中的往返函电即是合同的书面证明。但有时，买卖双方还要签订书面合同或成交确认书，以进一步明确双方的权利和义务。

一、书面合同的形式

在国际贸易中，正式书面合同的形式没有特定的限制，双方当事人可采用“合同”（contract）、“确认书”（confirmation）、“协议”（agreement），也可采用“备忘录”（memorandum）等。此外，还有“定单”（order）和“委托订购单”（indent）等也有使用。

我国外贸企业一般所采用的书面合同主要是“合同”和“确认书”。各外贸企业一般都备有固定的格式，达成交易后，按双方商定的条件逐项填写即可。“合同”和“确认书”虽然在格式、条款项目的设立和措词上有所不同，但两者的法律效力是相同的。

（一）售货确认书（sales confirmation）

销货确认书也称“销售确认书”，是一种简略的合同形式，其内容较销售合同简单。确认书虽与正式合同在格式、条款项目的说明上有繁简之分，在措词上两者也有所不同，但作为契约的主体的交易条件都应是完整、明确、一致的，而且确认书一经交易双方签字后就具有与合同同等的法律效力。

确认书一般适用于金额不大、批数较多的出口商品交易。外贸企业单位均有自印的固定格式的确认书，经过磋商达成交易后，由业务人员将双方给妥的各项条件逐项填入，经双方负责人签字，即成为具有约束力的法律文件，双方据以遵守执行。

（二）出口合同（export contract）

出口合同是对外贸易企业和外商经过贸易磋商活动就某项商品达成交易后所签订的书面契约。合同明确规定了交易双方的权利和义务，把双方确认的具体交易条件用文字格式固定下来。出口合同是我国涉外经济合同之一，是具有法律效力的文件，也是对外贸易重要的单证之一。出口合同一经签订，双方必须严肃履行。

对外贸易各专业公司所使用的出口合同格式不尽相同，其中有合同（contract）、售货合同、销售合同（均称 sales contract）等多种名称和式样，习惯上称为“成交合约”或“成交确认书”。在对外贸易实务中，成交数额或成交批量较大的商品出口或成套机械设备的出口，均应制作正式的出口合同或销售合同；成交数额不大或出口批量小的一般商品出口，则多采用销售确认书等。

出口合同的主体即合同的基本条款主要包括商品名称、品质规格、货号、数量、价格条件和货币、单价、金额、包装条款、装运条款、保险条款、付款条件和商检条款、索赔条款、异议条款，以及不可抗力和仲裁条款等。其他如合同的转让、合同的修改与变更通知条款，以及有些适用于本合同规定的如货款结算前货物所有权的规定、保证和担保的规定、货币保值的规定和合同签订后增加的费用负担的分摊规定等，均列为主体部分的一般条款作为对合同的补充和说明。

出口合同的圆满执行除了及时组织货源以外，主要靠运输和结汇单据来实现。而运输和制单工作能否顺利进行，又与合同条款的订立有着密切的关系。在签订合同时除了应该考虑买方的要求外，更要认真考虑我方履约的可能性。因此，出口合同的正确签订是顺利组织出口运输和有利于制单结汇的基本保证。

（三）进口合同（import contract）

进口合同又称“购货合同”或“订购确认书”，是订购进口商品应签订的合同。进口合同的形式分条款式和表格式，一般由买方根据交易磋商的具体情况拟定条款式或填写固定格式的书面合同，经卖方核对无误后签字生效。

二、国际买卖合同的基本内容

在交易磋商过程中，当一方发盘被另一方有效接受后，双方就构成了合同关系，双方往来的电传和函电便是合同的书面证明。但在实际业务中，双方通常还需要填制固定格式的书面合同。正式书面合同的内容随其使用的形式和名称的不同而异，但其基本内容大体相同，一般可分为约首、本文和约尾三个部分。

书面合同的内容应符合我国的政策、法律、国际贸易惯例和有关国际条约的规定和要求，并做到内容完备、条款明确、严谨、前后衔接一致，与双方当事人通过发盘和接受所取得的协议相符。倘若有出入，原则上应以经双方签署的正式书面合同为准。

1. 约首。

约首是合同的序言部分，包括合同的名称、编号、缔约依据、缔约日期、缔约地点、当事人名称和地址等。

（1）合同名称。进口通常称为“购货合同（Purchase Contract）”，出口通常称为“售货合同（Sales Contract）”。

（2）订约日期和地点。订约日期应为接受生效日期。

（3）当事人名称、地址。当事人全名和详细地址应在合同中正确载明。

（4）前文。前文措词必须与合同名称相一致。如采用合同书（contract）形式，则前文应使用第三人称语气，例如：“本合同由××与××订立”（This contract is made and entered into by and between……and……）或类似词句；如使用确认书（Confirmation），则前文措词应使用第一人称语气，例如：“兹确认从你方购买……”（We confirm the purchase from you……）或类似词句。

2. 本文。

本文是合同的主体，列明合同的各项交易条款，包括货物的名称、品质、数量、包装、价格、交货、支付、保险、商品检验、索赔、不可抗力、仲裁等条款。凡可适用于各笔交易的共同性条款，通常均以“一般交易条件”（general terms and conditions）的形式事先印制在合同的背面。

（1）商品的名称和质量。商品名称要使用国际市场上一般习惯的名称，不要使用某一国家或某一地区等地方性的商品名称。商品质量条款是非常重要的条款，因此，在合同中商品规格、标准、牌号、型号、等级等应订得具体明确。

（2）数量条款。按照我国计量法的规定，进口数量单位（包括商品规格的计量单位）必须符合我国的法定计量单位和标准，一般不进口非法定计量单位的仪器设备；如有特殊需要，须经有关标准计量管理机构批准。

（3）价格条款。在国际货物买卖中，计价货币与支付货币通常为同一种货币，这些货币可以是出口国货币或进口国货币，也可以是第三国的货币，由买卖双方协商确定。目前，在国际贸易中使用的贸易术语很多，其中以 FOB、CFR 及 CIF 三种使用最多。进口合同价格有净价、含佣价、基价、推算价，价格中还可以减除数量折扣、季节折扣和特别折扣等。有的进口单位只向国内用户收取手续费而不向国外供货商收取佣金。事实上，佣金是卖方或买方付给中间商的报酬，有的国家习惯上给中间商一定佣金，如果不支取，货价也相同，因此，我国进口企业尽可争取向国外供货商收取一定比率的佣金。

（4）装运条款：

（ⅰ）装运时间。装运时间一般是规定一个期限，而不能规定某个肯定的日期。如：××××年9/10/11月份每月平均装运（Shipment during Sept./Oct./Nov. ×××× in equal monthly lots）。除此之外，合同中还应规定买卖双方不能按时交货或不能按时派船应承担的责任。

（ⅱ）装运通知。进出口合同中应规定卖方装船后应立即发出装运通知。例如，在合同货物装船完毕后，卖方应立即以电传、传真或电子邮件通知买方下列内容：合同号、货名、数量、毛重、发票金额、运载船只名称及起航日期。如果任何一件货物的重量超过9公吨，长度超过10米，宽度超过3.4米，高度超过2.35米，卖方应把每一件货物的重量和尺码通知买方，以便接运。如果由于卖方没有及时通知从而使买方未能及时投保，由此而引起的一切损失均由卖方负责。

（4）付款条款。从付款时间上说，一般商品大多采用凭单付款。付款时间与买卖双方的利益有密切关系。如对卖方的资信情况不够了解或卖方的资信不是很好，则不能采用凭单付款，而应采用交货后付款。进出口合同中采用的付款方式有汇款、托收、信用证等。对一些小金额的合同，有采用交货后汇款或托收方式的，多数采用信用证付款的方式。

3. 约尾。

约尾是合同的尾部，主要是合同的份数、合同所使用的文字效力、缔约人的签字等。有的合同还在尾部订明生效条件以及合同适用的法律和惯例等。

合同条款对买卖双方的权利和义务必须明确具体地列述，各条款内容应前后一致，不能相互矛盾，所用文字、词句要简洁明了、达意、措辞严密，不能使用含糊不清、模棱两可的文字或词句，并符合法律规范。

第二节　仿真模拟出口合同填写

一、实验流程

1. 实验参与方。

进/出口商。

2. 实验单据。

出口合同（见附表4-2），售货确认书（见附表4-3）。

3. 实验步骤。

（1）填写出口合同。填写出口合同的顺序与注意事项如下：

______公司

地址：
Add：

正本
(ORIGINAL)
合同号码
Contract No.

合　同
CONTRACT

买方：
The Buyers：

日期：　　传真：　　电传号：
Date：　　FAX：　　Telex number：

兹经买卖双方同意，由买方购进，卖方出售下列货物，并按下列条款签订本合同：

This CONTRACT is made by and between the Buyers and the Sellers; whereby the Buyers agree to buy and the Sellers agree to sell the undermentioned goods on the terms and conditions stated below：

(1) 货物名称、规格、包装及唛头 Name of Commodity, Specifications, Packing Terms and Shipping Marks	(2)数量 Quantity	(3)单价 Unit Price	(4)总值 Total Amount	(5)装运期限 Time of Shippment

(6) 装运口岸：
Port of Loading：

(7) 目的口岸：
Port of Destination ：

(8) 付款条件：买方在收到卖方关于预计装船日期及准备装船数量的通知后，应于装运前20天，通过上海中国银行开立以卖方为受益人的不可撤销的信用证。该信用证凭即期汇票及本合同第（9）条规定的单据在开证行付款。

Terms of Payment：Upon receipt from the Sellers of the advice as to the time and quantify expected ready for shipment, the Buyers shall open, 20days before shipment, with the Bank of China , Shanghai, an irrevocable Letter of Credit in favour of the Sellers payable by the opening bank against sight draft accompanied by the documents as stipulated in Clause (9) of this Contract.

(9) 单据：

A. 各项单据均须使用与本合同相一致的文字，以便买方审核查对。

Documents：To facilitate the Buyers to cheek up，all documents should be made in a version identical to that used in this contract.

填写通知目的口岸对外贸易运输公司的空白抬头、空白背书的全套已装船的清洁提单。（如本合同为 FOB 价格条件时，提单应注明“运费到付”或“运费按租船合同办理”字样；如本合同为 CFR 价格条件时，提单应注明“运费已付”字样。）

Complete set of Clean On Board Shipped Bill of Lading made out to order，blank endorsed，notifying the China National Foreign Trade Transportation Corporation ZHONGWAIYUN at the port of destination.（if the prise in this Contract is Based on FOB，marked“freight to collect” or“freight as per charter party”；if the price in this Contract is Based on CFR，marked“freight prepaid”．）

B. 发票：注明合同号、唛头、载货船名及信用证号，如果分批装运，须注明分批号。

Invoice：indicating contract number，shipping marks，name of carrying vessel，number of the Letter of Credit and shipment number in case of partial shipments.

C. 装箱单及或重量单：注明合同号及唛头，并逐件列明毛重、净重。

Packing List and/or Weight Memo：indicating contract number，shipping marks，gross and net weights of each package.

D. 制造工厂的品质及数量、重量证明书。

Certificates of Quality and Quantity/Weight of the contracted goods issued by the manfactures.

品质证明书内应列入根据合同规定的标准进行化学成分、机械性能及其他各种试验结果。

Quality Certificate to show actual results of tests to be made，on chemical compositions，mechanical properties and all other tests called for by the Standard stipulated heron.

E. 按本合同第（11）条规定的装运通知电报抄本。

Copy of telegram advising shipment according to Clause（11）of this Contract.

F. 按本合同第（10）条规定的航行证明书（如本合同为 CFR 价格条件时，需要此项证明书；如本合同为 FOB 价格条件时，则不需此项证明书）。

Vessel' s itinerary certificate as per Clause（10）of this Contract，（required if the price in this Contract is based on CFR：not required if the price in this Contract is based on FOB.）

份数 Number of copies / 单证 Documents required / 寄送 To be distributed	A	B	C	D	E	F
送交议付银行（正本） to the negotiating bank (original)	3	4	3	3	1	1
送交议付银行（副本） to the negotiating bank (duplicate)	1					
空邮目的口岸外运公司（副本） to ZhongWaiYun at the port of destination by airmail (duplicate)	2	3	2	2		

（10）装运条件：

Terms of Shipment：

A. 离岸价条款：

Terms of FOB Delivery：

a）装运本合同货物的船只，由买方或买方运输代理人中国租船公司租订舱位。卖方负担货物的一切费用风险到货物装到船面为止。

For the goods ordered in this Contract, the carrying vessel shall be arranged by the Buyers or the Buyers' Shipping Agent China National Chartering Corporation. The Sellers shall bear all the charges and risks until the goods are effectively loaded on board the carrying vessel.

b）卖方必须在合同规定的交货期限30天前，将合同号码、货物名称、数量、装运口岸及预计货物运达装运口岸日期以电报通知买方以便买方安排舱位，并同时通知买方在装港的船代理。倘在规定期内买方未接到前述通知，即作为卖方同意在合同规定期内任何日期交货，并由买方主动租订舱位。

The Sellers shall advise the Buyers by cable, and simultaneously advise the Buyers' shipping agent at the loading port, 30 days before the contracted time of shipment, of the contract number, name of commodity, quantity, loading port and expected date of arrival of the goods at the loading port, enabling the Buyers to arrange for shipping space. Absence of such advice within the time specified above shall be considered as Sellers' readiness to deliver the goods during the time of shipment contracted and the Buyers shall arrange for shipping space accordingly.

c）买方应在船只受载期12天前将船名、预计受载日期、装载数量、合同号码、船舶代理人以电报通知卖方。卖方应联系船舶代理人配合船期备货装船。如买方因故需要变更船只或更改船期时，买方或船舶代理人应及时通知卖方。

The Buyers shall advise the Sellers by cable, 12 days before the expected loading date, of the estimated laydays, contract number, name of vessel, quantity, to be loaded and shipping agent. The Sellers shall then arrange with the shipping agent for loading accordingly. In case of necessity for substitution of vessel or alteration of shipping schedule, the Buyers or the shipping agent shall duly advise the Sellers to the same effect.

d）买方所租船只按期到达装运口岸后，如卖方不能按时备货装船，买方因而遭受的一切损失，包括空舱费、延期费及/或罚款等，由卖方负担。如船只不能于船舶代理人所确定的受载期内到达，在港口免费堆存期满后第 16 天起发生的仓库租费、保险费由买方负担，但卖方仍负有载货船只到达装运口岸后立即将货物装船之义务并负担费用及风险。前述各种损失均凭原始单据核实支付。

In the event of the Sellers' failure in effecting shipment upon arrival of the vessel at the loading port, all losses, including dead freight, demurrage fines etc. thus incurred shall be for Sellers' account. If the vessel fails to arrive at the loading port within the laydays. previously declared by the shipping agent, the storage charges and insurance premium from the 16th day after expiration of the free storage time at the port shall be borne by the Buyers. However, the Sellers shall be still under the obligation to load the goods on board the carrying vessel immediately after her arrival at the loading port, at their own expenses and risks. The expenses and losses mentioned above shall be reimbursed against original receipts or invoices.

B. 成本加运费价条款：

Terms of CFR Delivery：

卖方负责将本合同所列货物由装运口岸装直达班轮到目的口岸，中途不得转船。货物不得用悬挂买方不能接受的国家旗帜的船只装运。

The Sellers undertake to ship the contracted goods from the port of loading to the port of destination on direct liner, with no transhipment allowed. The contracte goods shall not be carried by a vessel flying the flag of the countries which the Buyers can not accept.

（11）装运通知：卖方在货物装船后，立即将合同号、品名、件数、毛重、净重、发票金额、载货船名及装船日期以电报通知买方。

Advice of Shipment：The Sellers shall upon competition of loading, advise immediately the Buyers by cable of the contract number, name of commodity, number of packages, gross and net weights, invoice value, name of vessel and loading date.

（12）保险：自装船起由买方自理，但卖方应按本合同第（11）条通知买方。如卖方未能按此办理，买方因而遭受的一切损失全由卖方负担。

Insurance: To be covered by the Buyers from shipment, for this purpose the Sellers shall advise the Buyers by cable of the particulars as called for in Clause (11) of this Contract, In the event of the Buyers being unable to arrange for insurance in consequence of the Sellers' failure to send the above advice, the Sellers shall be held responsible for all the losses thus sustained by the Buyers.

(13) 检验和索赔：货卸目的口岸，买方有权申请中华人民共和国国家质量监督检验检疫总局进行检验。如发现货物的品质及/或数量/重量与合同或发票不符，除属于保险公司及/或船公司的责任外，买方有权在货卸目的口岸后 90 天内，根据中华人民共和国国家质量监督检验检疫总局出具的证明书向卖方提出索赔，因索赔所发生的一切费用（包括检验费用）均有卖方负担。FOB 价格条件时，如重量短缺，买方有权同时索赔短重部分的运费。

Inspection and Claim: The Buyers shall have the right to apply to the General Administration of Quanlity Supervision, Inspection and Quarantine of the People' s Republic of China (AQSIQ) for inspection after discharge of the goods at the port of destination. Should the quality and/or quantity/weight be found not in conformity with the contract or invoice the Buyers shall be entitled to lodge claims with the Sellers on the basis of AQSIQ's Survey Report, within 90 days after discharge of the goods at the port of destination, with the exception, however, of those claims for which the shipping company and/or the insurance company are to be held responsible. All expenses incurred on the claim including the inspection fee as per the AQSIQ inspection certificate are to be borne by the Sellers. In case of FOB terms, the buyers shall also be entitled to claim freight for short weight if any.

(14) 不可抗力：由于人力不可抗拒事故，使卖方不能在合同规定期限内交货或者不能交货，卖方不负责任。但卖方必须立即通知买方，并以挂号函向买方提出有关政府机关或者商会所出具的证明，以证明事故的存在。由于人力不可抗拒事故致使交货期限延期 1 个月以上时，买方有权撤销合同。卖方不能取得出口许可证不得作为不可抗力。

Force Majeure: In case of Force Majeure the Sellers shall not held responsible for delay in delivery or non-delivery of the goods but shall notify immediately the Buyers and deliver to the Buyers by registered mail a certificate issued by government authorities or Chamber of Commerce as evidence thereof. If the shipment is delayed over one month as the consequence of the said Force Majeure, the Buyers shall have the right to cancel this Contract. Sellers' inability in obtaining export licence shall not be considered as Force Majeure.

（15）延期交货及罚款：除本合同第（14）条人力不可抗拒原因外，如卖方不能如期交货，买方有权撤销该部分的合同，或经买方同意在卖方缴纳罚款的条件下延期交货。买方可同意给予卖方 15 天优惠期。罚款率为每 10 天按货款总额的 1%；不足 10 天者按 10 计算。罚款自第 16 天起计算，最多不超过延期货款总额的 5%。

Delayed Delivery and Penalty: Should the Sellers fail to effect delivery on time as stipulated in this Contract owing to causes other than Force Majeure as provided for in Clause (14) of this Contract, the Buyers shall have the right to cancel the relative quantity of the contract, Or altenatively, the Sellers may, with the Buyers' consent, postpone delivery on payment of penalty to the Buyers. The Buyers may agree to grant the Sellers a grace period of 15 days. Penalty shall be calculated from the 16th day and shall not exceed 5% of the total value of the goods involved.

（16）仲裁：一切因执行本合同或与本合同有关的争执，应由双方通过友好方式协商解决。如经协商不能得到解决时，应提交北京中国国际贸易促进委员会对外经济贸易仲裁委员会，按照中国国际贸易促进委员会对外经济贸易仲裁委员会仲裁程序暂行规定进行仲裁。仲裁委员会的裁决为终局裁决，对双方均有约束力。仲裁费用除非仲裁委员会另有决定外，由败诉一方负担。

Arbitration: All disputes in connection with this Contract or the execution thereof shall be friendly negotiation. If no settlement can be reached, the case in dispute shall then be submitted for arbitration to the Foreign Economic and Trade Arbitration Commission of the China Council for the Promotion of International Trade in accordance with the Provisional Rules of Procedure of the Foreign Economic and Trade Arbitration Commission of the China Council for the Promotion of International Trade. The Award made by the Commission shall be accepted as final and binding upon both parties. The fees for arbitration shall be borne by the losing party unless otherwise awarded by the Commission.

（17）附加条款：以上任何条款如与以下附加条款有抵触时，以以下附加条款为准。

Additional Clause: If any of the above-mentioned Clauses is inconsistent with the following Additional Clause (s), the latter to be taken as authentic.

买　方	卖　方
The Buyers:	The Sellers:

（2）填写售货确认书。当出口合同填写之后，出口方（卖方）还要填写售货确认书。

二、实验成果与评价

实验成果：要件齐全、填写正确的出口合同及售货确认书。

实验评价：合同的填写涉及进出口贸易的大部分流程，需对进出口贸易的全部流程有所了解后方可正确填写。

第三节　仿真模拟进口合同填写

一、实验流程

1. 实验参与方

进/出口商。

2. 实验单据

进口合同（见附表4－2），售货确认书见附表4－3。

3. 实验步骤

（1）填写出口合同。填写进口合同的顺序与注意事项与出口合同类似。

第四节　案例分析与理论思考

一、案例分析

根据第二章的案例，上海市纺织品进出口公司（Shanghai Textiles Import & Export Corporation）与美国 CRYSTAL KOBE LTD. 洽谈含55%纤维45%棉的女士短衫（Ladies' 55% Acrylic 45% Cotton Knitted Blouse）之间的磋商结果签订售货确认书。

中国纺织品进出口公司上海市分公司

CHINA NATIONAL TEXTILES IMPORT & EXPORT CORPORATION

SHANGHAI BRANCH

27 Chungshan Road E. 1　SHANGHAI CHINA

TEL：8621－65342517　　FAX：8621－65124743

编号

TO：CRYSTAL KOBE LTD.　　No. 21SSG－017

售货确认书 SALES CONFIRMATION

日期 Date：AUG. 26，2001

货号 ART. NO.	品名及规格 COMMODITY AND SPECIFICATION	数量 QUANTITY	单价及价格条款 UNIT PRICE&TERMS	金额 AMOUNT
H32331SE	LADIES' 55% ACRYLIC 45% COTTON KNITTED BLOUSE	120 CARTON	USD 48.5 PER DOZ CIFC3% NEW YORK	USD24 250
			总金额 TOTAL AMOUNT	USD24 250

装运条款

SHIPMENT：SHIPMENT ON OR BEFOR NOV. 20，2001 WITH PARTIAL SHIPMENTS ARE NOT ALLOWED TRANSSHIPMENT IS ALLOWED FROM SHANGHAI TO NEW YORK

付款方式

PAYMENT：THE BUYER SHALL OPEN THOUGH A BANK ACCEPTABLE TO THE SELLER AN IRREVOCABLE L/C AT SIGHT TO REACH THE SELLER 30 DAYS BEFORE THE MONTH OF SHIPMENT REMAINED VALID FOR NEGOTIATION IN CHINA UNTIL THE 15TH DAY AFTER THE DATE OF SHIPMENT。

保险

INSURANCE：THE SELLER SHALL COVER INSUREANCE AGAINST ALL RISKS FOR 110 % OF THE TLTAL INVOICE VALLUE AS PER THE RELEVANT OCEAN MARINE CARGO CLAUSE OF P. I. C. C. DATED JAN. 1ST，1981。

注意　请完全按本售货确认书开证并在证内注明本售货确认书号码。

IMPORTANT：PLEASE ESTABLISH L/C EXACTLY ACCORDING TO THE TERMS AND CONDITIONS OF THIS S/C AND WITH THIS S/C NUMBER INDICATED。

CRYSTAL KOBE LTD.	SHANGHAI TEXTILES I/E CORPORATION
买方（The Buyers）	卖方（The Sellers）

二、理论思考

1. 出口合同包括哪些基本条款？填写时应注意哪些问题？
2. 进口合同包括哪些基本条款？填写时应注意哪些问题？
3. 售货确认书有什么作用？是否必须填写？

第五章　仿真实习环境下的国际结算方式——汇付和托收

常见的国际结算方式有汇付、托收和信用证。本章介绍汇付和托收，下一章重点介绍信用证这种较复杂的结算方式。

第一节　汇付和托收概述

一、汇付（remittance）

汇付又称汇款，是债务人或付款人通过银行将款项汇交债权人或收款人的结算方式，是最简单的国际货款结算方式。货运单据由卖方自行寄送买方。

（一）汇付方式的当事人

汇付方式涉及四个基本当事人，即汇款人、汇出行、汇入行和收款人。

1. 汇款人（remitter）。

汇款人即付款人，在国际贸易中，通常是进口人。

2. 汇出行（remitting bank）。

汇出行是接受汇款人的委托或申请汇出款项的银行，通常是进口人所在地的银行。

3. 汇入行（receiving bank）。

汇入行即接受汇出行的委托解付汇款的银行，故又称解付行。它通常是汇出行的代理行或出口人所在地的银行。

4. 收款人（payee）。

收款人即收取款项的人。在国际贸易中，收款人通常是出口人，买卖合同的卖方。

汇款人在委托汇出行办理汇款时，要出具汇款申请书，此项申请书是汇款人和汇出行的一种契约。汇出行一经接受申请，就有义务按照汇款申请书的指示通知汇入行。汇出行与汇入行之间事先订有代理合同，在代理合同规定的范围内，汇入行对汇出行承担解付汇款的义务。

（二）汇付的种类

汇款根据汇出行向汇入行转移资金发出指示的方式，可分为三种方式：电汇（telegraphic transfer，T/T）、信汇（mail transfer，M/T）、票汇（remitlance by bank' s draft，D/D），业务程序见图 5－1、5－2。

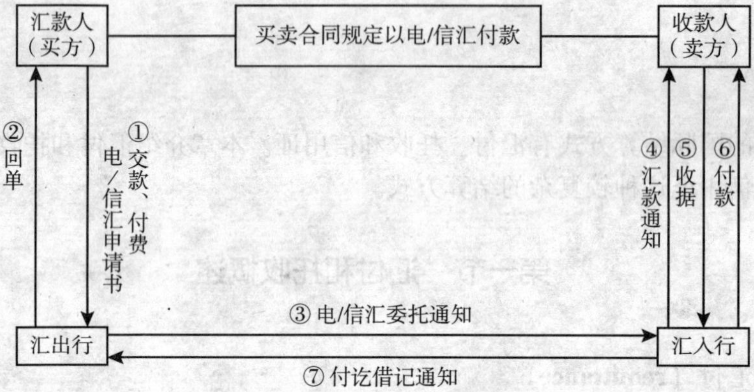

图 5－1　电汇/信汇业务程序示意图

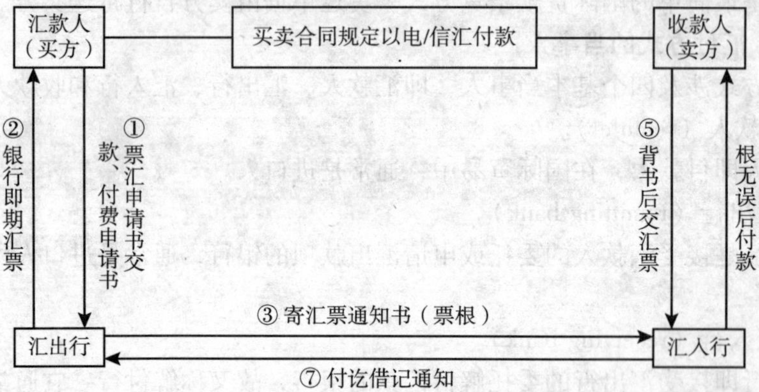

图 5－2　票汇业务程序示意图

（三）汇付方式在国际贸易中的使用

在国际贸易中，使用汇付方式结算货款，银行只提供服务而不提供信用，因此，使用汇付方式完全取决于买卖双方中的一方对另一方的信任，并在此基础上提供信用和进行资金融通。汇付属商业信用，提供信用的一方所承担风险较大，所以汇付方式主要用于支付订金、分期付款、货款尾数以及佣金等费用。

二、托收（collection）

（一）托收方式的当事人

托收方式的主要当事人有四个，即委托人、托收行、代收行和付款人。

1. 委托人（Principal）。

委托人是开出汇票（或不开汇票）委托银行向国外付款人收款的出票人，通常就是卖方。

2. 托收行（Remitting Bank）。

托收行是委托人的代理人，是接受委托人的委托转托国外银行向国外付款人代为收款的银行，通常是出口地银行。

3. 代收行（Cottecting Bank）。

代收行是托收行的代理人，是接受托收行的委托代向付款人收款的银行。代收行一般为进口地银行，是托收银行在国外的分行或代理行。

4. 付款人（Payer）。

付款人即债务人，是汇票的受票人（Drawee），通常是买卖合同的买方。

（二）托收的种类和业务程序

托收可根据所使用汇票的不同，分为光票托收和跟单托收两种。在跟单托收下，使用的汇票是跟单汇票，汇票随附运输单据等商业单据；而光票托收是指仅仅使用金融单据不附带商业单据托收。国际贸易中的货款托收业务大多是采用跟单托收。在跟单托收的情况下，根据交单条件的不同，可分为付款交单和承兑交单两种。这里主要介绍跟单托收。

1. 付款交单（documents against payment，D/P）。

付款交单是卖方的交单需以买方的付款为条件，即进口人将汇票连同货运单据交给银行托收时，指示银行只有在进口人付清货款时才能交出货运单据。如果进口人拒付，就不能拿到货运单据，也无法提取单据项下的货物。付款交单按付款时间的不同可分为即期付款交单和远期付款交单两种。

（1）即期付款交单（D/P at sight）：指出口人通过银行向进口人提示汇票和货运单据，见票人于见票时立即付款，付清货款后向银行领取货运单据。其业务程序如图 5－3 所示：

（2）远期付款交单（D/P at……days after sight）：是由出口人通过银行向进口人提示汇票和货运单据，进口人即在汇票上承兑，并于汇票到期日付款后向银行取得单据。在汇票到期付款前，汇票和货运单据由代收行掌握。其业务流程如图 5－4：

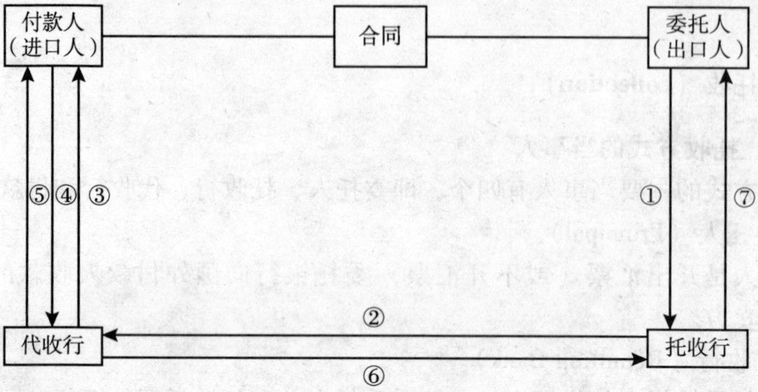

图 5－3　即期付款交单业务程序示意图

说明：①出口人按照合同规定装货并取得货运单据后，填写托收申请书，开出即期汇票，连同货运单据交托收行，委托代收货款。②托收行根据托收申请书缮制托收委托书，连同汇票、货运单据寄交进口地代收行。③代收行收到汇票及货运单据即向进口人做付款提示。④进口人审单无误后付款。⑤代收行交单。⑥代收行通知托收行款已收妥办理转账业务。⑦托收行向出口人交款。

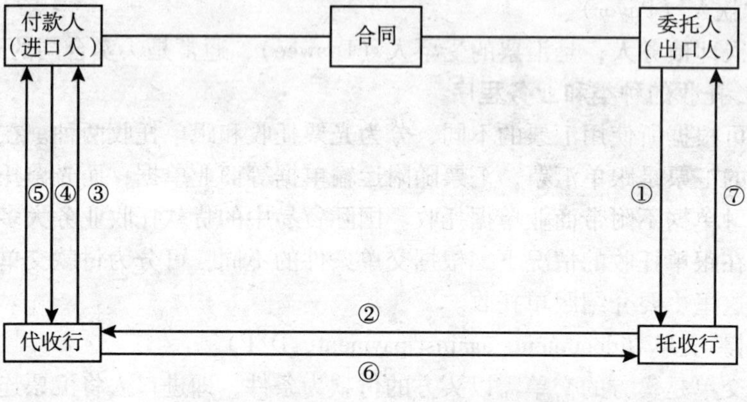

图 5－4　远期付款交单业务程序示意图

说明：①出口人按合同规定装货后填写托收申请书，开立远期汇票，连同货运单据交托收行，委托代收货款。②托收行根据委托申请书缮制托收委托书，连同汇票、货运单据寄交代收行委托代收。③代收行按照托收委托书的指示向进口人提示汇票与单据，进口人经审核无误在汇票上承兑后，代收行收回汇票与单据。④进口人到期付款。⑤代收行交单。⑥代收行办理转账，并通知托收行款已收到。⑦托收行向出口人交款。

2．承兑交单（documents against acceptance，D/A）。

承兑交单是指出口人的交单以进口人的承兑为条件。进口人承兑汇票后，即可向银行取得全部货运单据。而对出口人来说，交出物权凭证之后，其收款的保障就完全依赖于进口人的信用，一旦进口人到期拒付，出口人便会遭受货、款两空的损失。因此，出口人对于接受这种方式必须慎重。其业务程序如图5－5：

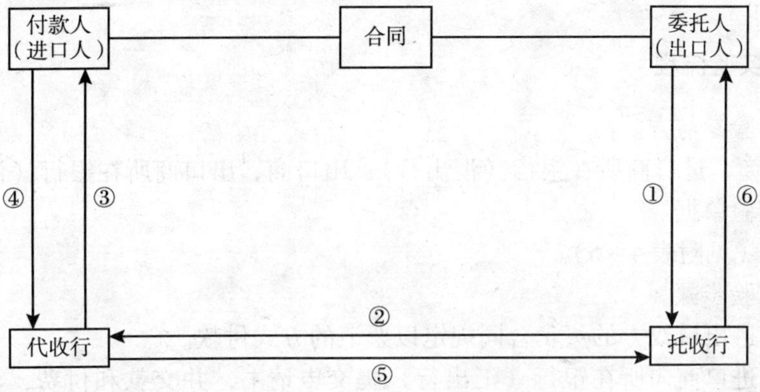

图5－5　承兑交单业务程序示意图

说明：①出口人按合同规定装货并取得货运单据后，填写托收委托书，声明“承兑交单”，开出远期汇票，连同货运单据交托收行，委托代收货款。②托收行根据托收申请书缮制托收委托书，连同汇票、货运单据寄交进口地代收银行委托代收。③代收行按照托收委托书的指示向进口人提示汇票与单据，进口人在汇票上承兑，代收行在收回汇票的同时将货运单据交给进口人。④进口人到期付款。⑤代收行办理转账并通知托收款已收到。⑥托收行向出口人交款。

三、托收委托书的填制

委托人应该填写托收申请书，银行只能根据托收申请书所给予的指示办理。委托人填写和银行审核时应注意以下主要项目：

（1）交单条件。

（2）是否允许付款人延迟付款（delayed payment）：延迟付款是否计收利息，并按若干利率计收；是否允许分批付款分批提货。

（3）货款如遭拒付，货到后是否要委托国外代收行代为存仓、保险。

（4）是否安排需要时的代理。

（5）拒绝付款或拒绝承兑时，是否需要作成拒绝证书或者仅以航邮或电讯通知托收行即可。

（6）银行手续费、利息及开支条款。

（7）付款人（drawee）名称地址必须准确详细。

（8）代收行（collecting bank）：如果委托人要特别指定一家银行通过该行代收，则可以列出该行的名称，否则可由托收行自行选择。

第二节　仿真模拟票汇

一、实验流程

1. 实验参与方。

进口商，进口商所在银行（汇出行）；出口商，出口商所在银行（汇入行）。

2. 实验单据。

汇票（见附表4－5）。

3. 实验步骤。

（1）进出口双方的买卖合同规定以票汇的方式付款。

（2）进口商向所在银行（汇出行）提交申请书，并交款和付费，汇出行向进口商开立银行即期汇票。

（3）进口商向出口商寄出银行即期汇票，汇出行向出口商所在银行（汇入行）寄出汇票通知书（票根）。

（4）出口商收到汇票后对汇票进行背书，交给汇入行，银行核对汇票无误后付款。

（5）汇入行向汇出行付借记通知。

二、实验成果与评价

实验成果：进口商提交申请书；汇出行开出汇票；出口商取得货款。

实验评价：根据实际贸易情况决定是否选择票汇作为结算方式。进口商开出的汇票的内容必须齐全，这是出口商获得货款的依据。

第三节　仿真模拟托收

一、实验流程

1. 实验参与方。

出口商，出口商所在银行（托收行）；进口商，进口商所在银行（代收行）。

2. 实验单据。

托收委托书（见附表4－4），汇票、商业发票（附表4－9），运输单据。

3. 实验步骤。

（1）进出口商约定使用托收作为国际结算方式。

（2）出口商选择付款交单方式还是承兑交单方式；出口商按照合同规定发

货后取得运输单据，连同汇票和商业发票等商业单据，以及填写好的托收申请书一并交给托收行。

（3）托收行根据出口商的指示向代收行发出托收委托书，连同汇票、商业发票寄交代收行，要求代收行按照申请书的指示代收货款。

（4）代收行收到汇票、发票和运输单据后，向进口商做付款或承兑提示。

（5）进口商付款或是进行承兑，托收行将发票和运输单据交给进口商。若为付款交单，则代收行必须在收到货款后才能将相关运输单据交给进口商；若为承兑交单，进口商必须在汇票上进行承兑，才能获得相关运输单据。

（6）托收行收到货款后交给出口商。

二、实验成果与评价

实验成果：出口商负责开具汇票和商业发票，并填写托收申请书；进口商在汇票上承兑。

实验评价：根据实际贸易情况决定是否选择托收作为结算方式；确定托收后，也要决定采用付款交单还是承兑交单的方式。注意两种方式在交单条件上的区别。

第四节 案例分析与理论思考

一、案例分析

（一）案例资料

1. 案例1：

我某外贸公司与某国A商达成一项出口合同，付款条件为D/P45天付款。当汇票及所附单据通过托收行寄抵达进口地代收行后，A商及时在汇票上履行了承兑手续。货抵目的港时，由于用货心切，A商出具信托收据向代收行借得单据，先行提货转售。汇票到期时，A商因经营不善，失去偿付能力。代收行以汇票付款人拒付为由通知托收行，并建议由我外贸公司直接向A商索取货款。

提示：代收行有责任，但托收行没有责任，要由我出口方直接向代收行追索货款。

2. 案例2：

某地B公司与国外贸易公司成交一笔业务，在交易会上口头商定即期付款L/C结算，签订合同时支付条款规定“payment by draft drawn on buyer payable at sight”。另外合同中规定“quality certificate by CCIB at loading port to be taken as final”。B公司按合同规定备妥货物，但始终未见买方开来的L/C，于是6月20日去电催证。但买方复电称合同规定并非L/C结算，是以即期付款交单方式办理托收。B公司随即核对合同，发现未明确L/C结算。双方几经交涉，但由于买方的外汇正在申请中，无法在装运期前开立L/C，最后接受买方D/P45天托收，并由买方负担45天的利息。

B公司按期装运货物后，于7月25日交单办理托收，并在托收指示书中规定45天的利息与货款一并收取。9月20日接到托收行通知，该笔托收款已收到，但付款人拒付利息。B公司随即发电向买方追究，而买方回电说提货后发现货物有部分霉变，以未付利息弥补霉变损失。

B公司发现买方已提取货物，说明代收行早已放单给买方，即通过托收行欲向代收行提出责问。试问会有怎样结果和教训？

提示：

（1）签订合同时要慎重，合同条款要完整、详细和准确。

（2）交易行为规范化，注明关于货物品质的问题。

（3）熟悉国际惯例。关于利息，URC522规定，如规定应收取利息而付款人拒付时，除非托收指示书上明确规定利息不得免除，提示行可视情况在未收取利息条件下交单。

（二）根据以下信息出具汇票

A draft for USD 100 000. 00 is drawn by The American Exporter Co. , Ltd, Tampa, Florida, U. S. A on the French Issuing Bank, Paris, France payable at 60 days after sight to the order of ourselves dated 15 May. , 2006 marked "Drawn under The French Issuing Bank, Paris, France L/C No. 12345 dated 25 Feb. , 2006."

Exchange for USD100, 000. 00　　Tempa, 15 May, 2006

At 60 days after sight pay to the order of Ourselves the sum of US dollars one hundred thousand only.

"Drawn under The French Issuing Bank, Paris, France L/C No. 12345 dated 25 Feb. , 2006"

To The French Issuing Bank.　　For The American Exporter Co. , Ltd , Tempa
Paris

Signature

（三）根据以下信息计算汇票的到期日

A draft indicates that "at 10 days from 11 may, 2006 pay to the order of A company……", the maturity of the draft falls on ________.

提示：如果 ISBP 不使用，则到达日期为 2006 年 5 月 20 日，若使用 ISBP 惯例，则到达日期为 2006 年 5 月 21 日。

（四）根据客户所给信息填写电汇内容

Remitting bank：bank of Asia，Tianjin
Paying bank：bank of Asia，Luxemburg
Date of cable：9 June　　Test：2563
Ref No. 208TT0219
Amount：USD 1，660. 00
Payee：Marie Clauda Dumont，Luxemburg
　　account No. 0-164/7295/550 with
　　Banque International du Luxemburg
Message：payroll
Remitter：Crystal Palace Hotel，Tianjin
Cover：Debit our H. O. account

KEYS：

FM：bank of Asia，Tianjin
TO：bank of Asia，Luxemburg
DATE：9 June
TEST 2563 OUR REF 208TT0219
NO ANY CHARGES FOR US
PAY USD 1 660. 00
TO Banque International du Luxemburg
FOR CREDITING A/C NO. 0-164/7295/550
OF Marie Clauda Dumont，Luxemburg
MESSAGE payroll
ORDER Crystal Palace Hotel，Tianjin
COVER Debit our H. O. account

二、理论思考

1. 什么是跟单托收？有哪些当事人？其基本当事人的责任各是什么？
2. 简述汇款和跟单托收的基本程序。
3. 分析跟单托收对进出口商的利弊。

第六章　仿真实习环境下的国际结算方式——信用证

第一节　信用证业务基础知识

一、信用证的含义

信用证（letter of credit，L/C）是国际结算中最为常用的付款方式。《跟单信用证统一惯例》（国际商会第 600 号出版物）第 2 条对信用证所做的定义是：信用证意指一项约定，无论其如何命名或描述，该约定不可撤销并因此构成开证行对于相符提示予以兑付的确定承诺。换句话说，信用证是一种银行开立的有条件的承诺付款给受益人的书面保证文件。

二、信用证的当事人

根据信用证的定义，信用证业务有三个基本当事人，即开证人、开证银行、受益人。此外，通常还会有其他当事人，即通知行、议付行、付款行、偿付行、保兑行等。

1. 开证申请人（applicant）

开证申请人又称开证人（opener），是指向银行申请开立信用证的人，一般为进口人，是买卖合同的买方。

2. 开证银行（issuing bank；opening bank）

开证行是指接受开证人的申请开立信用证的银行，一般是进口地的银行。开证人与开证银行的权利和义务以开证申请书为依据，开证行承担保证付款的责任。

3. 受益人（beneficiary）

受益人是指信用证上所指定的有权使用该证的人，一般是出口商，即买卖合同的卖方。

4. 通知银行（advising bank；notifying bank）

通知行是接受开证银行的委托，将信用证通知受益人的银行，一般为出口地的银行。

三、信用证支付方式的一般结算程序

采用信用证方式结算货款，从进口人向银行申请开立信用证，一直到开证行付款后收回垫款，须经过多道环节，办理各种手续；又因有不同类型的信用证，其具体做法也有所不同。这里从信用证支付方式的一般结算程序来分析，其基本环节大体经过申请、开证、通知、议付、索偿、付款、赎单等。现以国际贸易结算中最为常用的不可撤销的跟单议付信用证为例，介绍其一般操作程序，其业务流程如图6-1。

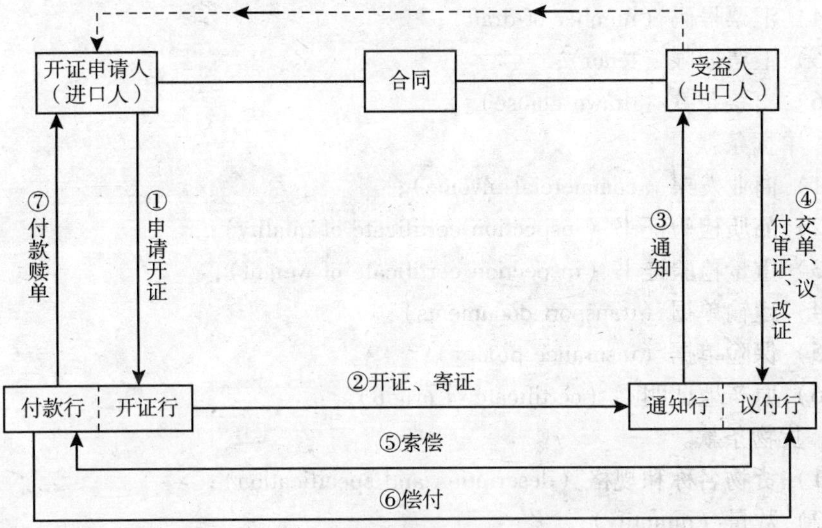

图6-1　跟单议付信用证业务流程示意图

四、信用证的内容

在实际业务中，各银行的信用证没有统一格式，但其内容大致相同。总的说来，就是国际货物买卖合同的有关条款与要求，和受益人提交的单据，再加上银行保证。通常主要包括以下几个方面内容。

1. 关于信用证本身的说明。

（1）开证行名称（opening bank）；

（2）信用证的形式（form of credit）；

（3）信用证号码（L/C number）；

（4）开证日期、地点（date and place of issue）；

(5) 开证申请人 (applicant);

(6) 受益人 (beneficiary);

(7) 有效期及地点 (date and place of expiry);

(8) 信用证金额 (L/C amount);

(9) 通知行 (advising bank);

(10) 议付行 (negotiating bank)。

2. 汇票条款。

(1) 出票人 (drawer);

(2) 付款人 (drawee);

(3) 汇票金额 (draft amount);

(4) 汇票号码 (number of draft);

(5) 汇票期限 (tenor);

(6) 出票条款 (drawn clause)。

3. 单据条款。

(1) 商业发票 (commercial invoice);

(2) 品质检验证书 (inspection certificate of quality);

(3) 重量检验证书 (inspection certificate of weight);

(4) 运输单据 (transport documents);

(5) 保险单据 (insurance pol icy);

(6) 原产地证明书 (certificate of origin)。

4. 货物条款。

(1) 货物名称和规格 (description and specification);

(2) 数量 (quantity);

(3) 单价 (unit price);

(4) 包装 (packing)。

5. 装运和保险条款。

(1) 装运港 (port of loading/shipment);

(2) 卸货港或目的港 (port of discharge or destination);

(3) 装运期 (latest date of shipment);

(4) 分批装运和转船规定 (the stipulations for partial shipment and transhipment);

(5) 保险条款 (insurance clause)。

6. 特殊条款。

特殊条款视具体交易情况而定。在实践中可以规定佣金、折扣 (commision

& discount)、费用（charges)、产地（origin)、议付与偿付（negotiation & reimbursement）等几个方面。

7. 跟单信用证统一惯例文句。

本证根据国际商会2007年修订本第600号出版物“跟单信用证统一规则”办理。

This credit is subject to the Uniform Customs and Practice for Documentary Credits UCP（2007 Revision）International Chamber of Commerce publication NO. 600。

第二节 进口信用证结算

一、申请开立信用证

买卖双方签订合同以后，进口方首先应向银行申请开立信用证，填写开证申请书（documentary credit application)。银行再根据申请书的内容开出正式信用证。

开证申请书主要是根据合同中的有关条款填写，申请人最好将合同副本一并提交银行供参考和核对。但值得注意的是，尽管信用证是根据合同内容开立的，一经开立，它与合同是相互独立的，因而应认真审查合同的主要条款，将其列入申请书中。在信用证业务中，开证行负有第一性的责任，只要出口商通过其银行交来完全符合信用证规定的单据，开证行就必须履行付款责任。因此，开证行必须依据进口商递交的开证申请书，完整、准确、及时地开出信用证。

开证申请书的正面内容是客户对开证行的法律有效文件，其正本一般是由银行印发，其内容由申请人填写。

开证行根据进口商提供开证申请书开立信用证时，必须对它进行认真审核。审核要点如下：

（1）开证所使用的货币币别应与成交合约所规定的币别相同。

（2）开证金额大小写必须一致。

（3）价格条件在进口企业对外成交时已经确定，银行在审核价格条件时，必须注意与价格条件适应的运输单据和保险单据，以使信用证条款前后吻合。

（4）付款条件均为不可撤销信用证，无须国外银行加具保兑。除特殊要求外，一般不开可转让信用证，因为可转让信用证第二受益人的资信可能不了解。付款期限有即期付款、远期付款等。

（5）到达港或目的港应为进口国口岸。

(6) 开证申请书中所列的各项开证条款前后不得有矛盾之处。

二、修改信用证

开证行应开证申请人请求开出信用证后，开证申请人认为或者应受益人的要求，需要对原信用证的内容或条款进行修改时，可向开证行提出申请，银行凭修改申请书办理。

1. 申请人提交信用证修改申请书。

修改申请书的内容应包括：需修改的信用证号码及修改内容。

2. 审查修改申请书的内容。

银行接到信用证修改申请书后，应根据申请书所列证号，调出存档的原信用证副本，对照审核以下内容：

(1) 修改申请书所列证号、申请人名称必须与银行存档的原证相符，以免串证或重复修改。

(2) 修改后的条款之间相互有无抵触之处。

(3) 修改后的条款对我方有无不利之处。

(4) 修改的内容与原证有关的条款应做相应的修改，使修改后的信用证各条款之间相互吻合、衔接。

(5) 凡系增加金额的修改，需补足增额部分的资金。

3. 缮制信用证修改通知书。

银行审核修改申请书后，可缮打修改通知书，一般用电讯方式通知国外转递行，然后将修改通知书副本按修改日期依次附贴于信用证留底备查，同时将另一副本送交申请人。

三、审单

开证行接到国外议付行寄来的单据，应根据信用证规定的条款全面、逐项地审核单证之间、单单之间是否相符，并根据国外议付行的寄单索偿通知书，核对单据的种类、份数，以及汇票、发票与索偿通知书所列金额是否正确。审核无误后，凭议付行的寄单索偿通知填制进口单据发送清单，附上全部单据送公司签收；经公司全面审核无误，在7个工作日内办理付款。索偿通知书、汇票及一份清单连同信用证留底，归入代办卷内，以待办理对外付款。

审单过程中如发现单证不符，一般可采取全部拒付、部分拒付或扣减货款办法处理，但应在合理的时间内（一般在3个工作日），立即以最迅速的方法向议付行提出，在对方尚未答复之前，由开证行代议付行保存全部单据，归存拒付案卷单独保管，等待处理。如系电拒付，所发生的电报或电传费用于付款时扣收或另函收取。

四、付款和进口结汇

1. 承兑或付款。

进口商收到开证行转去的单据经核验无误后向开证行办理付款或承兑手续。银行则应立即根据信用正规定，并结合国外议付行索汇通知书的要求，对外办理付款或承兑。如果信用证规定为即期付款，则应对外办理付款手续；如为远期付款，则应办理承兑手续，确定付款到期日，发出承兑通知书，于到期日付款转账。对于总的付款或承兑时间，应掌握在银行接到单据后3个工作日内对外办理。

2. 进口结汇。

开证银行根据信用证的付款条件规定，对外履行付款，同时，对进口公司办理进口结汇，由进口公司填写“购买外汇申请书”和“进口付汇核销单”，然后由银行根据中国银行外汇牌价表的汇率，以人民币兑换信用证上所规定的外币连同各项费用。

第三节　出口信用证结算

一、审核信用证

出口方收到进口方申请银行开来的信用证后，必须核对印鉴和密押，以鉴别来证的表面真实性。同时，银行与出口商双方应分工合作，既要共同认真审核信用证内容，又要对审核重点各有所侧重。银行应侧重于议付、收汇方面，如对开证行、偿付行或保兑行的资信、态度和作风的审查，以及对付款办法、使用货币、汇率、利率等条款的审核；出口商应侧重于交货、履约方面，如对货运单据、价格条件、运输方式、装运期等条款进行审查，并特别要与有关的合约函电进行核对，以确保货物如期出运与安全收汇。现就信用证内容的审核分述如下。

（一）来证背景

来证背景主要是对来证的政治背景、资信能力进行了解，以及要不要加具保兑或由偿付银行确认偿付等内容。如资信欠佳，应要求另一银行加以保兑；如其资力与来证金额不相适应，应要求加列电汇索偿条款（T/T reimbursement clause）；如无保证付款的文句或索汇方式和索偿路线欠妥，应不予接受。

（二）信用证的类型

根据《跟单信用证统一惯例》（国际商会第600号出版物）的规定，信用证是不可撤销的。

（三）有效期、议付地点和交单期限

信用证上必须规定有效期，否则必须要求开证行予以明确。信用证上的有效期一般应与装运期有一定的合理间隔（一般是 15 天），以便在货物装运后有足够的时间做好制单、交单工作。如来证规定在国外到期，应当提出修改为在国内到期；否则，须提前交单，留出单据寄达议付地的邮程时间，但仍有单据不能及时寄到的风险。

（四）装运条款

1. 日期。

信用证的装运期一般应有最迟（latest）、不迟于（not later than）、截止（until……）、在……之前（before）等字样，以便发货人有一定的时间装运，例如："shipment date April 30，2004"，这种具体日期的句子应要求修改，因为装船签单日期不可能正好与此吻合。

2. 分批装运和转船。

（1）根据 UCP600 的规定，只要同一提单包括运输全程，则提单可以注明货物将被转运或可被转运。银行可以接受注明将要发生或可能发生转运的提单。即使信用证禁止转运，只要提单上证实有关货物已由集装箱、拖车或子母船运输，银行仍可接受注明将要发生或可能发生转运的提单。

（2）如信用证规定在指定的时间内分期支付及/或装运，如其中有一期的数量未按期发运的，以后各期均告失效，不能再发运，要等待买方同意并通过开证行发出修改书后才能发运。

（3）装运港（地）和目的港（地）应根据不同贸易术语加以审核。

另外，需要注意的是，如果信用证指定某个等级的船或限装 15 年以上船龄的船，或限装公会班轮（conference line vessel），一般不应接受，应要求修改。

（五）保险

目前，我国进出口货物一般是由中国人民保险公司承保。凭 FOB、CFR 条件成交时，应于货物发运时由卖方出具保险声明（declaration of insurance）通知买方保险。

如来证规定要求提供投保声明的回执办理结汇时，应理解为国外保险公司对我保险通知的确认书，它需要在保险通知书发出后经过一段时间才能从国外寄回，把它作为结汇单证之一将影响及时结汇，对我方很不利，此种条款不宜接受，应修改为船公司的保险通知书副本。

（六）币值和金额

首先要核对来证币值与合同是否一致；其次，要核对来证金额与合同是否一致。如有佣金或折扣，还应核对是按减除佣金或折扣后的净值开证，还是按不扣佣金或折扣的毛值开证。

（七）来证所需的各种单据

对来证所需的各种单据应审核有关文字，查看有无特殊要求，我方能否办理。

（八）货物的描述

来证的品名、货号、规格、包装和合同号码必须与合同一致，应逐条逐字审核。如有错误，都应提出修改。

（九）银行费用

银行费用一般包括通知费、保兑费、承兑费、议付费、修改费、邮费等。这些费用大约占货款总值的0.25%~0.3%左右。该费用一般认为由开证申请人支付。如果信用证规定由受益人负担，可以要求开证申请人修改由其负担。

（十）特殊条款

对信用证的特别条款或补充内容，要多加注意，以免发生差错。

二、修改信用证

受益人在收到进口人开来的信用证后，在审核信用证时如发现我方不能接受的条款和要求，应及时向对方提出修改要求。修改信用证既应持慎重态度，对一些问题又须权衡轻重、灵活掌握。信用证的修改应注意以下问题：

（1）信用证修改书必须经原通知行传递方为有效。

（2）凡需要修改的内容，应一次向开证人提出，尽量避免多次改证。如果修改通知书涉及两处以上的条款，要么全部接受，要么全部拒绝，即不能只接受部分修改内容。

（3）只有开证申请人、开证行和受益人都同意，修改才有效。如果当事人一方不同意修改，则修改不能成立，信用证仍以原条款为准。

（4）受益人必须在收到通知银行的“修改通知书”后，才能办理装运事宜，绝不可仅凭买方通知“证已改妥”或其他类似的通知就发货装船。

（5）修改手续费一般由提出修改的一方负担。国内银行按修改次数计算修改费用，不按信用证金额的大小计算。

三、制单

在货物托运以后，受益人应按信用证的各项要求缮制各种单据，使单据从格式到内容合乎规范，做到正确、完整、及时、简明、整洁地制作各种单据。因为在信用证方式下，银行只凭单据付款，而不问货物如何，即使实际所交货物同信用证及合同的要求一致，如果单据所列与信用证规定不相符，银行仍可拒付；反之，若货物与信用证的规定不尽相同，但只要单据所列与信用证一致，银行仍将付款。因此，出口公司必须完整、准确地制作各种单据，并及时送交银行，以确保安全迅速收汇。

在实际业务中，制单一般是按以下的程序来操作的：

第一，将货物的原始资料，如出仓单或装箱单等，与信用证或合同核对，查清证、货是否相符。

第二，单据有很多数据需要计算，例如发票金额、佣金、保险金额、海关发票、运费及 FOB 价、货物的尺码、毛重、净重等，都必须在制单前算好。

第三，根据信用证要求把本批出口货物所需的各种单据的空白格式按需要的份数（包括送交银行结汇所需的份数、留底及其他所需要的份数）逐一配妥备用。

第四，制单可以先从发票着手，因为发票是一切单据的中心，发票制妥后，再参照其内容缮制其他单据。

第五，单据制好后，制单人员应自审，如有差错应立即更正，再将单据交有关人员进一步审核。

出口单据的种类繁多，一般主要有汇票、发票、海关发票、海运提单或其他运输单据、保险单、产地证书、商品检验证书、包装单、扣佣通知书等。其中，部分单据只在特定情况下使用。

常用的出口单据如下：

1. 汇票。

国际贸易中，主要使用的是跟单汇票，作为出口方要求付款的凭证。汇票（bill of exchange/draft）无论在托收还是信用证项下，都由出口公司填写。一般汇票有两张正本，具有同等效力，银行在寄送单据时应分为两个寄发汇票，以免丢失。付款人只需拿其中一张汇票付款，一份付讫后另一份自动失效。制作汇票时应注意下列问题：

（1）出票条款。信用证名下的汇票应填写出票条款，包括：开证行名称、信用证号码和开证日期。

（2）汇票金额。托收项下汇票金额应与发票一致。若采用部分托收、部分信用证方式结算，则两张汇票金额各按规定填写，两者之和等于发票金额。信用证项下的汇票，若信用证没有规定，则应与发票金额一致；若信用证规定汇票金额为发票的百分之几，则按规定填写。这一做法通常用于以含佣价向中间商报价，发票按含佣价制作，开证行在付款时代扣佣金的情况。

（3）付款人名称。托收方式的汇票，付款人为买方。信用证方式下，以信用证开证行或其指定的付款行为付款人。若信用证未加说明，则以开证行为付款人。

（4）收款人名称。汇票的收款人应是银行。信用证方式下，收款人通常为议付行；托收方式下，收款人可以是托收行，均应做成指示式抬头。托收中也可将出口方写成收款人（已收汇票），然后由收款人做委托收款背书给托收行。

2. 发票。

常用发票有商业发票、海关发票、领事发票、厂商发票等。

（1）商业发票（commercial invoice）是出口商开立的发货价目清单，是装运货物的总说明。发票全面反映了合同内容。发票的主要作用是供进口商凭以收货、支付货款和进出口商记账、报关纳税的凭据。在不用汇票的情况下（如付款信用证、即期付款交单），发票代替汇票作为付款的依据。

发票没有统一的格式，其内容应符合合同规定。在以信用证方式结算时，还应与信用证的规定严格相符。其内容及注意事项如下：

出口商名称。发票顶端必须有出口商名称、地址、电传、传真和电话号码，其中出口商名称和地址应与信用证一致。

发票名称。在出口商名称下，应注明“发票”（commercial invoice 或 invoice）字样。

发票抬头人。通常为国外进口商。在信用证方式时，除非另有规定，应为开证申请人。

发票号码、合同号码、信用证号码及开票日期。发票号码由出口商自行按顺序编制。合同号码和信用证号码应与信用证所列的一致，如信用证无此要求，也应列明。开票日期不应与运单日期相距太远，但必须在信用证交单期和有效期之内。

装运地和目的地。应与信用证所列一致，目的地应明确具体，若有重名，应写明国别。

运输标志（唛头）。凡来证有指定唛头的，按来证制作；如无规定，由托运人自行制定。以集装箱方式装运，可以集装箱号和封印号码取代。运输单据和保险单上的唛头应与发票一致。

货物名称、规格、包装、数量和件数。关于货物的描述应符合合同要求，还必须和信用证所用文字完全一致。如用列明重量，应列明总的毛重和净重。

单价和总值。单价和总值必须准确计算，与数量之间不可有矛盾，应列明价格条件（贸易术语），总值不可超过信用证金额的超值发票，银行可以接受，也有权拒收。

附加证明。大致有以下几种：加注费用清单：运费、保险费和 FOB 价；

注明特定号码，如进口许可证号、布鲁塞尔税则号；注明原料来源地的证明文句。

出单人名称。发票由出口商出具，在信用证方式下，必须是受益人。

（2）海关发票（customs invoice）是由出口方负责填制，是进口国家海关为掌握进口商品原价值、原产地情况而制定的一种特定格式的发票。海关发票供进口方向海关做进口报关、纳税之用。进口国海关可据此核定货物的产地，以采取不同的国别政策，根据所提供的货物成本价确定是否享受优惠税待遇，考核货物是否属于倾销。

3. 运输单据。

运输单据因不同贸易方式而异，有海运提单、海运单、航空运单、铁路运单、货物承运收据及多式联运单据等。我国外贸运输方式以海运为主。第七章中会详细介绍海运提单的缮制。

4. 保险单。

保险单（insurance policy/certification）是保险人与被保险人之间订立的保险合同的凭证，是被保险人索赔、保险人理赔的依据。在 CIF 或 CIP 合同中，出口商在向银行或进口商收款时，提交符合销售合同及/或信用证规定的保险单据是出口商必不可少的义务。第八章会详细介绍保险单的缮制。

5. 原产地证明。

原产地证明（certificate of origin）是用以证明货物原产地或制造地，是进口国海关计征税率的依据。在我国，普通产地证可由出口商自行签发，或由进出口商品检验局签发，或由中国国际贸易促进委员会签发。实际业务中，应根据买卖合同或信用证的规定，提交相应的产地证。在缮制产地证时，应按《中华人民共和国原产地规则》及其他规定办理。

此外，还有普惠制产地证（GSP certificate of origin）、纺织品产地证（certificate of origin textile product）、对美国出口的原产地声明书等。

6. 包装单据。

包装单据（packing document）是指一切记载或描述商品包装种类和规格情况的单据，是商业发票的补充说明，主要有装箱单（packing list）、重量单（weight list）、尺码单（measurement list）。其中，装箱单又称包装单、码单，是用以说明货物包装细节的清单，主要是补充发票内容，详细记载包装方式、包装材料、包装件数、货物规格、数量、重量等内容，便于进口商或海关等有关部门对货物的核准，便于进口方在货物到达目的港时供海关检查和核对货物。装箱单可以单独制作，也可以合并在发票上，但货物的项目必须分别记载，以便于进口的海关和收货人核对。

7. 检验证书。

国际贸易中检验证书（inspection certification）种类很多，分别用以证明货物的品质、数量、重量和卫生条件等方面的情况。检验证书一般由国家指定的检验机构出具，也可根据不同情况由出口企业或生产企业自行出具。应注意出证机构检验货物名称和检验项目必须符合信用证的规定，还须注意检验证书的有效期。

8. 其他单证。

其他单证按不同交易情况，由合同或信用证规定，常见的有：寄单证明（beneficiary' s certificate for despatch of documents）、装运通知（shipping advice），以及有关运输和费用方面的证明。

四、交单、审单

交单是指出口单位在规定时间内向银行提交信用证项下的全套单据，这些单据经过银行审核，根据信用证条款不同汇付方式，由银行办理结汇。交单的要求有三条：第一是备齐单据。所谓齐备，有两个含义：其一是信用证规定的单据全都齐备；其二是每种单据的份数都符合信用证要求。第二是内容正确，即单据内容与信用证规定严格一致。第三是提交及时，即不能超过信用证有效期，但又不能超过运输单据签发日期后21天。

各种单据的内容是千变万化，但审单有其基本原则，而且单据的基本项目分述如下：

1. 汇票。

（1）大、小写金额及货币名称必须一致。

（2）付款期限应符合信用证规定。

（3）汇票金额不得超过信用证金额。

（4）出票人、收款人、付款人都必须符合信用证的规定。

（5）出票人印章或签字。

2. 商业发票。

（1）抬头人必须符合信用证规定。“抬头人”一般应打进口商的名称和地址。

（2）签署人必须是出口商。在信用证支付方式下，发票的签发单位必须是信用证的受益人。

（3）商品的描述必须完全符合信用证的规定。

（4）单价和价格条件必须符合信用证规定。发票的金额不得超过信用证的金额，如数量、金额均有“大约”或类似字样的，可允许增减10%。

（5）包装、重量和尺码。在发票中应列明商品的包装、毛重、净重及尺码，这些数据是运输环节订舱配船的依据，必须准确无误。

3. 海运提单。

（1）必须是已装船清洁提单（clean on board B/L），以表明货物已经装船。

（2）航运路线、装货港、卸货港、提单日期、抬头（或收货人）或被通知人等，均应符合信用证规定。

（3）提单上必须注明“运费预付”（freight prepaid）或“运费到付”（freight collect）字样，并符合信用证规定。

（4）送交银行的提单应有船公司签字，凡须背书者，背书不能遗漏。

（5）交到银行的日期应在提单日期后的21天以内，或符合信用证的有关规定。

（6）交到银行的提单一般是全套正本提单（original B/L），交来的张数应与提单上注明的张数一致（一般为3份），并与信用证要求相符。如信用证要求提供副本提单（non-negotiable B/L），也应照交。

（7）货物的描述。在运输单据中关于货物的描述与商业发票的要求不同，根据UCP600的规定，除商业发票外，其他单据中的货物、服务或行为描述若须规定，可使用统称，但不得与信用证规定的描述相矛盾。

4. 保险单据。

（1）保险单的被保险人名称应与信用证规定的相符。如未规定，通常以出口商名义投保，然后再做成空白背书。

（2）保险金额（insured value）要符合信用证的规定，通常为发票金额的110%。

（3）保险单的日期不得迟于提单上的装船日期。

（4）保险单应载明赔偿时的支取地点、支取代理行和支付的货币（一般为保险币种）。如信用证未规定，则货物运抵之目的地为支取地点。

（5）除非信用证的特别规定，保险凭证（insurance certificate）和暂保单（cover note）不得代替保险单（insurance policy），但保险单可以代替保险证明书。

其他单据如产地证、检验证书、装箱单、重量单、尺码单等一般应与信用证有关条款核对，然后再与发票核对其共有项目是否一致。

五、结汇

结汇是指出口商将所收取的外汇按照银行牌价卖给国家外汇银行。目前，我国银行所采用的出口结汇方式主要有以下四种。

1. 出口押汇。

押汇是指信用证项下的全套单据经议付银行审核无误后，银行以单据为质押品，在按票据金额扣除利息后，将余额垫付给受益人的议付方式。但银行买入光票（一般只买入支票及银行汇票）与买入跟单汇票（包括无汇票的全套单据）的业务处理却不一样。买入光票时，银行扣除利息并付款后，即使收款天数超过预定的计息天数，也不再要求收款人补利息；但在买入跟单票据时，却可向收益人追补超过预定贴现天数的利息。

2. 定期结汇。

这是银行收单过一定天数后向受益人付款的方式。由于规定的天数就是押汇的计息天数，对受益人来说，融资上没有什么区别，但对于资金宽裕的受益人来说，可免除计息和扣息的问题。

3. 收妥结汇。

当出口地银行在收到货款贷记其账户的通知时向受益人付款的方式。目前中国银行对可用电报索汇的信用证业务都以这个方法向受益人付款。此外，对单证不符的单据及大部分的托收业务，中国银行均作收妥结汇。

4. 担保结汇。

在单据不符信用证条款的情况下，议付银行应出口商的要求，由出口商向银行开出“担保书”（letter of indemnity），承担开证行/开证人提出异议时所发生的一切损失和风险，议付行凭以议付或接受单据同时向开证行寄单，寄单时列明单证中存在的不符点。如开证行/开证人拒付，则议付行凭“担保书”向出口商追回票款；如开证行/开证人同意付款，则“担保书”不再有效。担保结汇有很大风险，除非出口商与开证人关系极为良好，而且是在取得其书面同意下办理。

第四节　仿真模拟进口信用证结算

一、实验流程

1. 实验参与方。

进口商，进口商所在银行（开证行/付款行）。

2. 实验单据。

信用证开证申请书（见附表4－6）、信用证（见附表4－7）、信用证修改通知书（见附表4－8）、进口付汇核销单（见附表4－11）、购买外汇申请书（见附表 4 – 13)。

3. 实验步骤。

(1) 申请信用证。

• 在开信用证前，进口商到外汇指定银行领取进口付汇核销单，凭以办理进口付汇手续。

• 进口商填妥付汇核销单。

• 进口商填写信用证申请书，向进口地所在银行申请开立信用证。

• 开证银行接受申请并根据申请书开立信用证。

• 开证行将信用证寄给出口商所在的议付行。

(2) 修改信用证。

• 进口商根据受益人的要求修改信用证。

• 填写信用证修改通知书交给开证行，开证行转给议付行。

(3) 审单，承兑或付款。

• 开证行接到国外议付行寄来的单据后进行审核，审核不符可拒付或部分付款。

• 开证行审核单据无误后，根据信用证的付款条件规定对议付行履行付款。

(4) 进口结汇。

• 开证行通知进口商前来承兑或付款。

• 进口公司填写购买外汇申请书和进口付汇核销单，根据中国银行外汇牌价表的汇率以人民币向开证行付款及缴纳。

• 开证行将出口商的货物单据交付给进口商。

二、实验成果与评价

实验成果：获取信用证，必要时提出修改信用证；进口商付款或承兑，取得相关货物单据。

实验评价：熟练掌握信用证的相关基本知识，掌握进口方申请信用证和进口方银行开立信用证，掌握承兑和进口结汇业务。

第五节　仿真模拟出口信用证结算

一、实验流程

1. 实验参与方。

出口商，出口商所在银行（通知行/议付行）。

2. 实验单据。

信用证、信用证修改通知书、发票、装箱单（见附表4－10）、议付所需单据等，以及出口收汇核销单（见附表4－12）。

3. 实验步骤。

（1）审核信用证。

• 出口商所在银行收到开证行发来的信用证后，填妥信用证通知书，将信用证通知出口商。

• 出口商收到银行送来的通知书后，参照合同进行审核，审核无误后接受信用证。

（2）修改信用证。

如果信用证有误，可填写信用证修改通知书，由通知行负责转交给开证行。

（3）制单。

出口商根据企业自身情况，准备并填制以下单据：汇票、发票、运输单据（海运提单）、保险单、原产地证明、装箱单、商品检验证书、其他单证。

（4）交单结汇（议付）。

• 出口商将单据交给议付行，议付行进行审核，审核无误后将单据寄给开证行。

• 开证行审核单据无误后，将外汇划给议付行。

• 议付行向出口商开出结汇水单或收账通知，向出口商给付货款。

（5）出口商出口核销（在报关后进行）。

• 填写两份出口收汇核销单，在报关后加盖验讫章。

• 出口企业提供已加盖“验讫章”的出口收汇核销单、结汇水单或收账通知，报外汇管理局。

• 外汇管理局审核单据后，在两张核销单上加盖“已核销”章，并将其中一张退给出口企业保留办理出口退税。

二、实验成果与评价

实验成果：通知行填写信用证通知书，出口商审核信用证，且可进行信用证修改，出口商制单结汇。

实验评价：掌握出口商审核信用证的基本注意事项。

第六节　案例分析与理论思考

一、案例分析

（一）信用证开证申请书

利用前几章的案例，上海市纺织品进出口公司与美国洽谈含55%纤维、45%的棉女士短衫（LADIES' 55% ACRYLIC 45% COTTON KNITTED BLOUSE）签订的合同。请为进口商CRYSTAL KOBE LTD. 向美国纽约银行申请开列信用证并填写开证申请书。

IRREVOCADLE DOCUMENTARY CREADIT APPLICATION

TO：BANK OF CHINA

Place/date：Sept. 25th，2001 NEW YORK

<table>
<tr><td colspan="2" rowspan="2">Beneficiary（fullname and address）
SHANGHAI TEXTILES I&E CORP.
27. CHUNGSHAN ROAD E. 1，SHANGHAI CHINA</td><td colspan="2"></td></tr>
<tr><td colspan="2">Date and place of expiry of credit
Dec. 5th，2001 in shanghai</td></tr>
<tr><td>Partial shipments
☒allowed ☐not allowed</td><td>Transhipment
☐allowed ☒not allowed</td><td colspan="2" rowspan="2">Issue by airmail
☒ Issue by teletransmission
Amount（both in figures and words）.
USD23，522. 50（SAY UNITED STATES DOLLARDS TWENTY THREE THOUSAND FIVE HUNDRED TWENTY TWO AND 50/100 ONLY）</td></tr>
<tr><td colspan="2">Loading on board/dispatch/taking in charge at/from
SHANGHAI not later than NOV. 20TH，2001
for transportation to NEW YORK</td></tr>
<tr><td colspan="2">Description of goods：
LADIES' 55% ACRYLIC 45%
COTTON KNITTED BLOUSE
USD 48. 5 PER DOZ
CIFC3% NEW YORK
Packing：IN 120 CARTON</td><td colspan="2">Credit available with
☒ by sight payment ☐by acceptance ☐by negotiation
☐by deferred payment at
against the documents detailed herein
☒and beneficiary' s draft for 100% of the invoice value
☐FOB ☐C&F ☒CIF</td></tr>
</table>

Documents required: (marked with ×)

1. (×) Signed Commercial Invoice in 4 copies indicating L/C No. and Contract No.
2. (×) Full set of clean on board ocean Bills of Lading made out to order and blank endorsed, marked "freight [ ] to collect/ [×] prepaid [ ] showing freight amount" notifying CRYSTAL KOBE LTD. 1410 BROADWAY, ROOM 300 NY 10018 U. S. A.
3. ( ) Air Waybills showing "freight [ ] to collect/[ ]prepaid [ ]indicating freight amount" and consigned to
4. ( ) Memorandum issued by consigned to
5. (×) Insurance Policy/Certificate in 2 copies for 110% of the invoice value showing claims payable in China in currency of the draft. Blank endorsed, covering [×] Ocean Marine Transportation All Risks, War Risks
6. (×) Packing List/Weight Memo in 3 copies indicating quantity/gross and net weight of each package and packing condition as called for by the L/C
7. (×) Beneficiary' s certified copy of cable/telex dispatched to the accountees within 24 hours after shipment advising [×] name of vessel/[ ]No. / [ ]wagon No., date, quantity, weight and value of shipment.
8. (×) Beneficiary' s Certificate certifying that extra copies of the documents have been dispatched according to the contract terms.
9. ( ) Other documents, if any:

Additional instructions:

1. (×) All banking charges outside the opening bank are for beneficiary' s account.
2. (×) Documents must be presented within 15 days after the date of issuance of the transport documents but within the validity this credit.
3. (×) Third party as shipper is not acceptable. Short form/Blank Back B/L is not acceptable.
4. ( ) Both quantity and amount % more or less are allowed.
5. (×) All documents to be forwarded in one cover, unless otherwise stated above.

You correspondents to advise beneficiary ☐adding their confirmation ☒ without adding their confirmation

Payments to be debited to our U. S. Dollars amount no 10 – 668855368

Signature: CRYSTAL KOBE LTDE.

（二）纽约银行开立信用证

纽约银行
BANK OF NEW YORK

PAGE 1

48 WALL STREET P. O. BOX 11000 NEW YORK , N. Y. 10249, U. S. A. DATE AND PLACE OF ISSUE: Sept. 30th, 2001 NEW YORK	IRREVOCABLE DOCUMENTARY CREDIT NO. L－02－I－03437 DATE AND PLACE OF EXPIRY: Dec. 5th, 2001 IN THE COUNTRY OF THE BENEFICIARY
APPLICANT CRYSTAL KOBE LTD. , 1410 BROADWAY, ROOM 3000 NEW YORK, N. Y. 10018 U. S. A.	BENEFICEARY: SHANGHAI TEXTILES I/E. CORP. 27. CHUANGSHAN ROAD E. 1 SHANGHAI, CHINA
ADVISING BANK: BANK OF CHINA, SHANGHAI BRANCH CHINA.	AMOUNT: USD23, 522. 50 (SAY UNITED STATES DOLLARS TWENTY THREE THOUSAND FIVE HUNDRED TWENTY TWO AND 50/100 ONLY)
PARTIAL SHIPMENTS ARE NOT ALLOWED TRANSHIPMENT IS ALLOWED SHIPMENT FROM SHANGHAI TO NEW YORK LATEST Nov. 20th, 2001	CREDIT AVAILABLE BY NEGOTIATION AGAINST PRESENTATION OF THE DOC DETAILED HEREIN AND OF YOUR DRAFT (S) AT SIGHT DRAWN ON US: FOR FULL INVOICE VALUE

LIST OF DOCUMENTS TO BE PRESENTED:

—SIGNED COMMERCIAL INVOICE QUADRUPLICATE INDICATING S/C NO. 21SSG－017 OF SHANGHAI TEXTILE IMPORT & EXPORT CORP.

—PACKING LIST AND WEIGHT NOTE IN TRIPLICATE.

—INSURANCE POLICY OR CERTIFICATE IN 2/2 AND ENDORSED IN BLANK FOR 110 PCT OF FULL TOTAL INVOICE VALUE COVERING ALL RISKS, WAR RISKS AS PER THE RELEVANT OCEAN MARINE CARGO CLAUSE OF P. I. C. C. DATED JAN. 1ST, 1981. WITH CLAMS, IF ANY, PAYABLE AT DESTINATION.

—FULL SET OF AT LEAST IN 3/3 CLEAN ON BOARD MARINE BILL OF LADING MADE OUT CRYSTAL KOBE LTD. , 1410 BROADWAY, ROOM 300 NEW YORK, NY10018 U. S. A. NOTIFY ABOVE MENTIONED APPLICANT WITH FULL ADRESS AND TEL. NO. 559－525－70000 AND MARKED "FREIGHT PREPAID".

—COPY OF BENEFICIARY' S CABLE/TELEX DESPATCHED TO APPLICANT (CABLE ADDRESS 5665NY TELEX NO. 62361 THK OK NY) ADVISING SHIPMENT DETAILS INCLUDING CREDIT NO., VESSEL' S NAME, SHIPMENT DATE, PACKAGES, AMOUNT, QUANTITY AND SHIPPING MARK ON OR BEFORE SHIPMENT DFFECTED.

—BENEFICIARY' S CERTIFICATE UNDERTAKING THAT IN CASE UNUSAL QUALITY PROBLEMS OCCUR UNDER THIS L/C, THE BUYER HOLDS THE RIGHT OF RETURNING, EXCHANGING OF GOODS OR CLAIMS UPON PRESENTING EFFECTIVE INSPECTION CERTIFICATE ISSUED BY CHINA EXIT AND ENTRY INSPECTION AND QUARANTINE BUREAU WITHIN 90 DAYS OF ARRIVAL OF GOODS IN DESTINATION.

COVERING SHIPMENT OF

LADIE' S 55% ACRYLIC 45% COTTON KNITED BLOUSE STYLE NO. H32331SE

ORDER NO. 21SSG – 017

QUANTITY:

500 DOZ AT USD48. 50 PER DOZ CIF NEW YORK LESS 3 PCT

SHIPPING MARK:

CRYSTAL KOBE LTD.,
NEW YORK
ORDER NO. 21SSG – 017
STYLE NO. H32331SE
L-02-I-03437
CARTON/NO. 1 – 120
MADE IN CHINA

SPECIAL INSRUCTION (S):

—ALL BANKING CHARGES OUTSIDE NEW YORK ARE FOR ACCOUNT OF BENEFICIARY

—A FEE OF USD25. 00 WILL BE DEDUCTED FROM THE REIMBURSEMENT CLAIM FOR EACH PRESENTATION OF DISCREPANT DOCUMENTS UNDER THIS CREDIT.

—PACKING LISTS TO SHOW QUANTITY OF PIECES AND EACH PIECE PER CARTON.

—DOCUMENTS ISSUED IN COMBINED FORM NOT ACCEPTABLE.
—NEGOTIATION OF THIS CREDIT IS RESTERICTED TO BANK OF CHINA.

INSTRUCTIONS TO THE NEGOTIATING BANK:
—THE NEGOTIATING BANK IS KINDLY REQUESTED TO FORWARD ALL DOCUMENTS TO US (48 WALL STREET P. O. BOX 11000 NEW YORK, N. Y. 10249, U. S. A.) IN ONE LOT BY REGISTERED AIRMAIL.
—IN REIMBURSEMENT FOR YOUR NEGOTIATION (S), WE SHALL CREDIT YOUR ACCOUNT WITH US UPON MATURITY AFTER RECEIVING OF DOCUMENTS PROVIDED THAT ALL TERMES CONDITIONS OF THIS CREDIT HAVE BEEN FULLY COMPLIED WITH.

*** END OF L/C ***

(三)实操信用证样本(一次支付100%的情况)

日期:

致:(卖方)

本信用证通过(银行名称)转递。

我方应(买方名称)要求为贵方开具(信用证号码)号不可撤销的信用证,限于(币种、金额)。贵方可凭100%的发票金额开具以(买方名称)为付款人的即期汇票,并附以下单据:

(1)签字的商业发票4份(应注明有关的合同编号)。

(2)标有“运费已付”的全套已装船清洁海运提单,按顺序理好,空白背书,并通知目的港。

(3)装箱单和/或重量单4份,说明每一包装箱的数量、毛重和净重。

(4)制造商出具的质量证书4份。

(5)你方出具的一封信函,证实额外的单据已按照合同条件发送。

(6)你方在启运后四十八(48)小时发送的通知船名、数量、重量、金额和启运日期的电报复印件一份。

(7)你方证实承运船只的国籍已经买方批准的信函。

(8)按发票金额百分之一百一十(110%)投保的运输一切险和战争险保险单或保险证明。

(9)来源国证书一式5份。

(10) 以买方为抬头的致（银行名称）的即期汇票。

证实合同号（合同号）的货物已启运。

价格条件（CIF/FOB）。

要求你方自己出具额外的证明，确认本信用证下提交的全部单据的内容符合上述合同条件。

从（启运港）启运至（目的港）。

不迟于（交货的最后期限）。

部分装运（是否）允许，转运（是否）允许。

本证书直至（年、月、日、时、分）在（地点）有效，和全部汇票必须标注是在本信用证下出具的。

我方在此承诺：根据下述特别说明的第 1 条和第 2 条，按照本信用证下出具的符合本信用证条件的汇票和装运单据予以议付。

特别说明：

(1) 本信用证下的汇票议付只限于上述通知行（银行名称）。在议付时，议付行须以电报向（银行名称）要求报账，但前提条件是在此规定的条件和条款要得到满足，同时，议付行还应将一套完整的单据按一类邮件航空邮寄我方。

(2) 中华人民共和国境外发生的全部银行手续费和利息均由受益人承担。

(四) 信用证的审核

根据以下合同审核信用证，并指出需要修改的地方。

2007 年 10 月 31 日，上海市纺织品公司收到创鸿（香港）有限公司通过香港南洋银行开来的编号为 L8959344 的信用证，请根据双方签订的合同（CONTRACT NO：GL0082）对信用证进行审核，指出信用证存在的问题并做出修改。

合　同

CONTRACT

ORIGINAL

THE SELLER：SHANGHAI TEXTILES IMP. & EXP. CORP. SHANGHAI

CONTRACT NO：GL0082

27 ZHONGSHAN ROAD E，1. SHANGHAI，CHINA

DATE：Oct. 5，2007

TELEPHONE：86 – 21 – 63218467　　FAX：86 – 21 – 63291267

PLACE：SHANGHAI

THE BUYER：SUPERB AIM (HONG KONG) LTD.，

RM. 504 FUNGLEE COMM BLDG. 6 – 8A PRATT AVE.，TSIMSHATSUI，

KOWLOO, HONG KONG

THE BUYER AND SELLER HAVE AGREE TO CONCLUDE THE FOLLOWING TRANSACTIONS ACCORDING TO THE TERMS AND CONDITIONS STIPULATED BELOW:

1. COMMODITY & SPECIFICATION PACKING & SHIPPING MARK	2. QUANTITY (PCS.)	3. UNIT PRICE	4. AMOUNT
80% COTTON 20% POLYESTER LADIES KNIT JACKET		CIF H. K.	
ART. NO. 49394 (014428)	600	US $14.25	USD 8 550.00
ART. NO 49393 (014428)	600	US $14.25	USD 8 550.00
ART. NO. 55306 (014429)	600	US $14.25	USD 8 550.00
REMARKS: 1) EACH IN PLASTIC BAGS, 24 BAGS TO A CARTON TOTAL 75 CARTONS 2) SHIPPING MARK: SUPERB H. K. NO. 1 – 75 MADE IN CHINA			TOTAL: USD 25 650.00
TOTAL VALUE: SAY US DOLLARS TWENTY-FIVE THOUSAND SIX HUNDRED AND FIFTY ONLY.			

TIME OF SHIPMENT: Within 45 days of receipt of letter of credit and not later than the month of Dec.
2007 with partial shipments and transshipment allowed.

PORT OF LOADING & DESTINATION: FROM SHANGHAI TO HONG KONG

TERMS OF PAYMENT: By 100% Confirmed Irrevocable Sight Letter of Credit opened by the buyer to reach the Seller not later than Oct. 31th. 2007 and to be available for negotiation in China until the 15th day after the date of shipment. In case of late arrival of the L/C, the Seller shall not be liable for any delay in shipment and shall have the right to rescind the contract and or claim for damages.

INSURANCE: To be effected by the seller for 110% of the CIF invoice value covering ALL RISKS AND WAR RISK as per China Insurance Clauses.

TERMS OF SHIPMENT: To be governed by "INCOTERMS 2000". For transactions concluded on CIF terms, all surcharges including port congestion surcharges, etc. levied by the shipping company, in addition to freight, shall be for the Buyer's account.

The Buyer:
SUPERB AIM (HONG KONG) LTD.,
IMP. & EXP. CORP.

The Seller
SHANGHAI TEXTILES

国外来证:

000CT20　14:57:32　　LOGICAL TERMINAL
POO5
MT: S700　　ISSUE OF DOCUMENTARY CREDIT　　PAGE 00001
FUNC SWPR3
UMR 00182387
APPLICATIONG HEADER 0700 1547 970225 SAIB H. K. JTC × × × 3846 992024 001015 1447
◆NANYANG COMMERCIAL BANK LTD.
◆HONGKONG

USER HEADER	SERVICE CODE 103:
	BANK PRIORITY 113:
	MSG USER REF 108:
	INFO. FROMC1 115:
SEQUE NCE OF TOTAL	◆27: 1/2
FORM OF DOC. CREDIT	◆40: REVOCABLE
DOC, CREDIT NUMBER	◆20: L8959344
DATE OF ISSUE	◆31C: 071020
EXIPRY	◆31D: DATE 001231 AT NEGOTIATING BANK' S COUNTER
APPLICANT	◆50: SUPERB AIM (HONG KONG) LTD. HONG KONG
BENEFICIARY	◆59: SHANGHAI TEXTILES IMP& EXP CORPORATION 27 ZHONGSHAN ROAD E, 1 SHANGHAI, CHINA
AMOUNT	◆32B: CURRENCY USD AMOUNT 25, 6500.00
AVAILABLE WITH/BY	◆41D: NANYANG COMMERTIAL BANK, LTD. H. K. BY NEGOTIATION
DRAFTS AT…	◆42C: DRAFTS AT 20 DAYS' SIGHT FOR FULL INVOICE VALUE
DRAWEE	◆42A: NANYANG COMMERCIAL BANK, LTD.
PARTIAL SHIPMENTS	◆43P: ALLOWED

TRANSSHIPMENT ◆43T：PROHIBITED
LOADING IN CHARGE ◆44A：SHIPMENT FROM CHINESE PORT (S)
FOR TRANSPORT TO ◆44B：SINGAPORE/Hong Kong
LATEST DATE OF SHIP ◆44C：001215
DESCRIPT. OF GOODS ◆45A：80% COTTON 20% POLYESTER LADIES KNIT JACKET AS PER S/C NO. GL0082

ART. NO.	QUANTITY	UNIT PRICE
49394 (014428)	600 PIECES	USD14. 25
49393 (014428)	600 PIECES	USD14. 25
55306 (014429)	600 PIECES	USD14. 25

PRICE TERM：CIF H. K.

DOCUMENTS REQUIRED ◆46A：

+3/3 SET OF ORIGINAL CLEAN ON BOARD OCEAN BILLS OF LADING MADE OUT TO ORDER
OF SHIPPER AND BLANK ENDORSED AND MARKED "FREIGHT COLLECT" NOTIFY APPLICANT (WITH FULL NAME AND ADDRESS).

+ORIGINAL SIGNED COMMERCIAL INVOICE IN 5 FOLD INDICATION S/C NO.

+INSURANCE POLICY OR CERTIFICATE IN TWO FOLD ENDORSED IN BLANK, FOR 120 PCT OF THE INVOICE VALUE INCLUDING: THE INSTITUTE CARGO CLAUSES (A), THE INSTITUTE WAR CLAUSES, INSURANCE CLAIMS TO BE PAYABLE AT DESTINATION IN THE CURRENCY OF THE DRAFTS.

+CERTIFICATE OF ORIGIN GSP FORM A IN ONE ORIGINAL AND ONE COPY.

+PACKING LIST IN 3 FOLD

+BENEFICIARY' S CERTIFICATE STATING THAT ALL DOCUMENTS HAS BEEN SENT WITHIN 10 DAYS AFTER SHIPMENT.

ADDITIONAL COND. ◆47：

1. T. T. REIMBURSEMENT IS PROHIBITED.
2. THE GOODS TO BE PACKED IN EXPORT STRONG COLORED CARTONS.
3. INSPECTION IS TO BE EFFECTED BEFORE SHIPMENT AND RELEVANT CERTIFICATED/REPORTS ARE REQUIRED FROM THE INSPECTING AGENCY OR INSPECTOR DESIGNATED BY THE BUYER.

DETAILS OF CHARGES ◆71B：

ALL BANKING CHARGES OUTSIDE HONG KONG INCLUDING REIM-

BURSEMENT COMMISSION ARE FOR ACCOUNT OF BENEFICIARY.

PRESENTATION PERIOD　◆ 48：

DOCUMENTS TO BE PRESENTED WITHIN 15 DAYS AFTER THE DATE OF SHIPMENT, BUT WITHIN THE VALIDITY OF THE CREDIT.

CONFIRMATION　◆ 49：WITHOUT

INSTRUCTION　◆ 78：

THE NEGOTIATION BANK MUST FORWARD THE DRAFTS AND ALL DOCUMENTS BY REGISTERED AIRMAIL DIRECT TO US（NANYANG COMMERCIAL BANK, LTD. WESTERN DISTRICT BILLS CENTER 128 BONHAM STRAND E. HONG KONG）IN ONE LOTS, UPON RECEIPT OF THE DRAFTS AND DOCUMENTS IN ORDER, WE WILL REMIT THE PROCEEDS AS INSTRUCTED BY THE NEGOTIATING BANK.

TRAILER：ORDER IS < MAC： > < PAC： > < ENG： > < CHK： >
< PDE： >
MAC：3CDFF763
CHK：8A1AA1203070

单证业务是国际贸易业务的一个重要组成部分，从签订合同开始，到履行合同的全过程，每一个环节都需要单证的缮制、处理、交换和传递，缮制单证时必须做到正确、完整、及时、简洁和严谨等要求。本案例主要涉及信用证的审核，一般来说其审核内容主要包括信用证本身的审核，有关货物条款、运输、保险和支付条款的审核，以及单据等方面的审核。

本案分析如下：

(1) 信用证的性质不符合合同的要求，应将信用证可撤销（revocable）和不保兑（without confirmation）改为不可撤销（Irrevocable）和保兑（confirmed）信用证。

(2) 议付地、到期地均为香港（HONG KONG），应改为上海（SHANGHAI）；议付银行 NANYANG COMMERCIAL BANK, LTD. H. K. 应改为国内银行。

(3) 汇票的交付期限不符，应将 at 20 day' s sight，改为 at sight。

(4) 转船规定与合同规定不符，应将 TRANSSHIPMENT PROHIBITED 改为 TRANSSHIPMENT ALLOWED。

(5) 目的港不符合合同规定，合同为 HONG KONG，而信用证却规定为 Singapore/Hong Kong。

(6) 运输条款有误，因合同规定为 CIF 贸易术语，因此，应将运输条款

Freight Collect 改为 Freight Prepaid。

（7）保险金额与合同规定不符，应将发票金额的120%，改为110%。

（8）保险条款有误，应将 THE INSTITUTE CARGO CLAUSE（A），THE INSTITUTE WAR CLAUSE 改为 ALL RISKS AND WAR RISK AS PER CHINA INSURANCE CLAUSES。

（9）对货物包装的要求与合同规定不符，应删去"COLORED"一词。

（10）检验条款应删去"OR INSPECTOR DESIGNATED BY THE BUYER"，这是信用证软条款。

（五）商业发票的填写范例

INVOICE

CONSIGNEE： DALIAN CHEMICALS I/E CORP 大连化工进出口公司（2102911013） No. 61 RENMINLU ROAD DALIAN CHINA NOTIFY PARTY： BEIJING YUDU COMMERCIAL & TRADE CO.，LTD 北京宇都商贸有限公司 NO. 365 DONGSIBEIDAJIE，BEIJING，CHINA		NO.： CDFG5618 L/C NO.： LC810A00228 BANK OF CHINA LIAONING BRANCH DALIAN CN	DATE： NOV. 14，2000 DATE： MAY 25，2000	
PORT OF LOADING： ROTTERDAM	VESSEL： EAST EXPRESS			
VOYAGE No. 151E	PORT DISCHARGE： DALIAN PORT，CHINA via HONGKONG	CONTRACT No. OOXFFFG－78017KR		
MARKS & NO. OF PKGS	DESCRIPTION OF GOODS	QUANTITY/UNIT	UNIT PRICE	AMOUNT

DM（币制代码304）DM

00XFFFG－78017KR

DALIAN CHINA

DELIVERY OF CIF DALIAN CHINA OF 3 UNITS & 6 PKGS OF

B30S FORKLIFT TRUCK INCLUDING FFT4730MM S/S BATTERY & CHARGER

H. S. CODE：84271090

DETAILS AS PER THE ATTACHED SHEET

B30S－2	17 951. 00	535 853. 00
FREIGHT CHARGES（F）		2 050. 00
INSURANCE（I）		1 346. 00

TOTAL　　　　　　　　　　　57 249.00

DADAI CORPORATION
P. O. BOX: 7955 SEOUL, KOREA
TELEPHONE:

DADAI CORPORATION
SIGNED BY

二、理论思考

1. 如何理解信用证的性质及作用?
2. 信用证各主要当事人的责权是什么?
3. 说明信用证结算的业务流程。
4. 简述银行开出信用证的方式?
5. 审证之后如何进一步处理业务?
6. 如何修改信用证，应坚持的原则是什么?

第七章　仿真实习环境下的租船订舱和装船

第一节　国际货物运输方式概述

一、运输方式

在国际货贸运输中，涉及的运输方式很多，其中包括海洋运输、铁路运输、航空运输、河流运输、邮政运输、公路运输、管道运输、大陆桥运输，以及由各种运输方式组合的国际多式联运等。目前我国常用的有海洋运输、铁路运输、航空运输、公路运输、内河运输和邮包运输，以及集装箱运输和国际多式联运。

二、装运条款

在洽商交易时，买卖双方必须就交货时间、装运地和目的地、能否分批装运和转船、转运等问题商妥，并在合同中具体订明。明确、合理地规定装运条款，是保证进出口合同顺利履行的重要条件。

装运条款的内容及其具体订立，与合同的性质和运输方式有着密切的关系。我国的进出口合同大部分是 FOB.、CIF. 和 CFR. 合同，而且大部分的货物是通过海洋运输。按照国际贸易惯例解释，在上述条件下，卖方只要将合同规定的货物在装运港履行交货手续，取得清洁的装船单据，并将其交给买方或其代理人，即算完成交货义务。因此，上述合同的装运条款应包括装运时间、装运港、目的港、是否允许转船与分批装运、装运通知，以及滞期、速遣条款等内容。

1. 装运时间。

装运时间又称装运期（time of shipment），是买卖合同的主要条件。如违反这一条件，买方有权撤销合同，并要求卖主赔其损失。

2. 装运港和目的港。

装运港（port of shipment）是指货物起始装运的港口。目的港（port of destination）是指最终卸货的港口。

3. 分批装运和转船。

所谓分批装运（partial shipment），是指一笔成交的货物分若干批装运。根据《跟单信用证统一惯例》规定，同一船只、同一航次中多次装运货物，即使提单表示不同的装船日期及（或）不同装货港口，也不作分批装运论处。

4. 装运通知。

装运通知（shipping advice）是在采用租船运输大宗进出口货物的情况下，在合同中加以约定的条款。规定这个条款的目的在于明确买卖双方责任，促使买卖双方互相合作，共同做好船货衔接工作。

5. 装卸时间、装卸率和滞期、速遣条款。

装卸时间（lay time）是指允许完成装卸任务所约定的时间，它一般以天数或小时数来表示。所谓装卸率，即指每日装卸货物的数量。如果在约定的允许装卸时间内未能将货物装卸完，致使船舶在港内停泊时间延长，给船方造成经济损失，则延迟期间的损失应按约定每天若干金额补偿给船方，这项补偿金叫滞期费；反之，如按约定的装卸时间和装卸率提前完成装卸任务，使船方节省了船舶在港的费用开支，船方将其获取的利益的一部分给租船人作为奖励，叫速谴费。按惯例，速遣费一般为滞期费的一半。

三、运输单据

运输单据是承运人收到承运货物签发给出口商的证明文件，它是交接货物、处理索赔与理赔以及向银行结算货款或进行议付的重要单据。

在国际货物运输中，运输单据的种类很多，其中包括海运提单、铁路运单、承运货物收据、航空运单和邮包收据等。

第二节　国际运输单据概述

在所有运输方式中，海洋运输使用最为广泛。而在海洋运输中，根据船舶营运方式的不同，又可以分为班轮运输和租船运输。在此我们主要介绍杂货班轮运输，使用的主要单据有托运单、装货单、收货单和海运提单等。

一、托运单

托运单（booking note）是指由托运人根据买卖合同和信用证的有关内容，向承运人或其代理人办理货物运输的书面凭证。经承运人或其代理人对该单据确认，表示其已接受托运，即承运人和托运人运输合同关系即告建立。托运单是日后制作提单的主要资料，因此比较重要。

1. 收货人（consignee）。

在信用证支付的条件下，对收货人的规定常用以下两种表示方法。

（1）记名收货人。记名收货人是直接将收货人的名称、地址完整地表示出来的方法。这一方法简单明了，收货人就是合同的买方。

（2）指示收货人。指示收货人常用空白指示和记名指示两种表达法。指示收货人掩饰了具体的收货人的名称和地址，使单据可以转让。在空白指示情况下，单据的持有人可自由转让单据；在记名指示情况下，记名人有权控制和转让单据。

2. 被通知人（notify）。

这一栏中应填写接受船方发出货到通知的人的名称与地址。

被通知人的选择与确定的权利是合同的买方或买方代理人。有时买方确定本人为通知人，有时将自己的代理人或其他与买方联系较密切的人确定为被通知人。被通知人的职责是及时地接受船方发出的到货通知并将该通知转告真实的收货人。

在极少数的交易中，可能出现要求空白收货人栏目和被通知人栏目。这是因为提出要求的一方准备买卖在途货物。制作单据时要在副本单据的被通知人栏中填写买方或开证申请人的名称与地址。

3. 运输标志（shipping marks）。

一般而言，买卖合同或者信用证均规定了唛头。填写这一栏目时，要求填写内容和形式与所规定的完全一致。例如：

A　B　C　CO.

KOBE

NO. 1 – UP

有时买卖合同和信用证中没有规定唛头，这时，卖方可以自行选择一个合适的唛头。在选择唛头时，要充分考虑买方提货方便、买方利益和买方所在国的特别要求。也可以不制作唛头，此时在该栏打印 N/M。

4. 数量（quantity）。

托运单中的数量指最大包装的件数。例如出口 10 万码花布，装在 100 个纸箱内，填写这个栏目应填写 100CARTONS 而不是 10 万 YARDS。

5. 货物说明（description of goods）。

对这一栏内容的填写允许只写统称。例如出口各种用途的化工颜料，无须逐一列出颜料的规格、成分、用途，而只写“化工原料”。

但是，如果同时出口化工颜料和瓷器产品，则应分别填写“化工颜料”、

"瓷器"，而不允许只填写其中一种数量较多或金额较大的商品。

6. 重量（gross weight/net weight）。

重量应分别计算毛重和净重。

7. 尺码（measurement）。

在这个栏目中填写一批货的尺码总数，一般使用立方米。总尺码不仅包括各件货物尺码之和，还应包括件与件之间堆放时的合理空隙所占的体积，因此，总尺码都略大于货物的尺码数。

8. 分批装运（partial shipment）。

这一内容应严格按照合同或信用证条款填写。如果合同或信用证规定分若干批装运或对分批装运有进一步说明，不要将这些说明填入本栏目，而应将这些说明填入"特别条款类"的栏目中。该栏主要填写允许或不允许分批转运。

9. 转船（transhipment）。

本栏目的填写要求与"分批"的要求一致。只能填写"允许"或"不允许"。如果合同和信用证中对这一内容有其他说明，应在特别条款栏目中做出补充说明。

10. 装运期（time of shipment）。

在信用证支付条件下，装运期是最重要的期限之一，要求严格遵守。

装运期的表达可以全部使用阿拉伯数字，也可以使用英文与阿拉伯数字一起表示。例如，2004 年 5 月 6 日可表示为：05/06/2004，最好用 MAY 6th，2004。

装运期还可以表示为一段时间，例如 2004 年 5 ~6 月。有时表示为不早于×月×日，不迟于×月×日（NOT EARLIER……、NOT LATER THAN……），装运期不迟于……（SHIPMENT NOT LATER THAN……），最迟装运期为×年×月×日（LATEST SHIPMENT……）。

11. 到期日（expiry date）。

到期日即信用证的有效期。在信用证支付条件下，有效期和装运期有着较密切的关系，因此这两个项目往往先后出现在同一张单据中。这一栏目的填写一般按信用证规定。

12. 运费。

这一栏目托运人不填，留给船公司或其他代理人填写。船公司或船代理是在计算运费之后，将应收运费总额填入这一栏中。

13. 提单正本份数。

信用证中一般都会用各种方式表示对提单正本份数的要求。例如：

来证要求："3 original Bill of Lading"，指3份正本提单；

来证要求："Full Set of Bill of Lading"，指全套提单。

14. 提单副本份数。

提单副本究竟应提供多少份，一般在信用证中明确规定。寄单需要份数在信用证中一般也都要做出明确规定。

15. 存货地点。

这一栏内容用中文填写。填写将出口的货物出口前最后一个存放仓库的名称与地点。

16. 运费缴付方式。

运费缴付方式栏目应填写"运费到付"或"运费预付"。按FOB成交的买卖合同，该栏应该填写"运费到付"；而CFR或CIF成交的买卖合同，则应该填写"运费预付"。

17. 提单号码。

这一栏内容仍然留给船方或其代理人填写。提单是由承运人签发的与托运人之间的契约证明文件。当提单号码和船名被填写在托运单上后，承运人、托运人之间的法律关系即被确定，同时，更进一步证明船方或其代理经办的配船工作完成。

18. 船名。

这一栏内容由船方或其代理人填写将运载承运货物的船舶名称。当船方或其代理人将填有船名的托运单退还出口企业时，证明配船工作完成。

19. 托运单号码。

填写托运单一般要填写与发票号码一致的内容，一是为了使发票填写的内容与实际装货的情况完全一致，二是为了便于查寻、核对。

20. 托运单日期。

与托运单号码处理方法一样，托运单日期填写与发票日期一样的内容，即开立发票的日期；但也可以早于发票日期。实务中，应按实际开立托运单的日期填写。

21. 起运地和目的地。

这一栏内容由出口企业按信用证规定的要求填写。填写时应注意世界上重名港口现象，如果有重名，往往要求在港口后写明国名。

22. 签字。

在托运单的右下角由经办人签字，出口企业盖章。

23. 买方提出的特别条款。

买方提出的特别条款来源于信用证有关装运的内容，如：允许分两批装运

（Partial shipments allowed in two lots）；装运由上海经香港至伦敦（Shipment from Shanghai To London Via Hong Kong）。像这类的由买方提出的特别条款应该一字不漏地填在托运单的这个栏目中，其目的是要求承运人严格履行。

24. 由卖方提出的特别条款。

卖方提出的特别条款针对船方或其代理人的装运行为，旨在保护受载货物。因此，这些特别条款无须征得买方同意或确认。这类特别条款的内容包括：要求用集装箱装运；要求不与其他货物混杂；要求不被其他重物挤压；要求货物的装卸和放置不倒置。

二、装货单

目前，我国各港口使用的装货联单的组成不尽相同，但是主要是由装货单（shipping order，S/O）、收货单（mate' s receipt，M/R）和留底（counterfoil）三联组成。

装货单是托运人凭以要求船公司装船的依据。收货单又称大副收据，是船公司装完货经大副签字表示收妥货物的凭据，也是船公司签发提单的最重要的凭证。留底是船公司留存的单据。当出口商收到船公司签好的托运单后，填好装货单、收货单和留底，并以此连同货物一起办理装运，装运之后，托运人取得了经大副签字的收货单后，即可凭以向船公司或其代理人换取已装船清洁提单。

这三种单据和托运单一样，不是贸易结汇的单据，但一般的出口单据又都是基于这些单据缮制的，在此我们介绍这些单据的填制方法。

1. 托运人。

一般填写出口公司的名称。但出现托运单或提单的这一栏目是第三方时，本栏目也应与托运单或提单保持一致。

2. 号码。

通常这一栏填写的是提单号码。

3. 船名。

根据船代理签发的托运单中的船名来填写。

4. 装往地点。

这一栏只需填写目的港名称。

5. 唛头。

大部分的交易在合同中就订立了唛头，在这种情况下，填写与合同规定完全一样的唛头。

6. 数量。

填最大的包装数量。

7. 货名。

与托运单相同栏目填写一致的内容。

8. 重量/尺码。

填写毛重和净重。可参考托运单相同的栏目。

在实际货物尺码基础上，加上合理的件与件之间空隙的尺码。填写整批货物的尺码总数。以上四栏均要求与提单相同栏目填写一样的内容。

9. 合计。

指数量一栏中若有两个或两个以上不同货名的数量之和。

10. 日期。

这一栏目应填写制作装、收货单的日期，但也可以空白不填。

另外，像装入何舱、实收、理货员签名、代理人与大副的签名栏目都留给船公司或其代理人填写。

三、海运提单

海运提单（bill of lading，B/L）在国际班轮运输中是一份非常重要的单据，同时也是一份重要的法律文件。根据《汉堡规则》和《中华人民共和国海商法》的规定，提单是海上货物运输合同的证明，是证明货物已经由承运人接管或已装船的货物收据，是承运人保证凭以交付货物的物权凭证。

（一）提单正面的内容

国际公约和各国国内立法均对提单需要记载的内容做了明确规定，以保证提单的效力。根据《中华人民共和国海商法》第 73 条的规定，提单的内容主要包括以下事项：

（1）货物的品名、标志、包装和件数、重量和体积，以及运输危险货物时对危险性质的说明；

（2）承运人的名称和营业地点；

（3）船舶名称；

（4）托运人的名称；

（5）收货人的名称；

（6）装货港和在装货港接收货物的日期；

（7）卸货港；

（8）多式联运提单还要增加接收货物地点和交付货物的地点；

（9）提单的签发日期、地点和份数；

（10）运费的支付；

（11）承运人或者其代表的签字。

当然，实践中提单正面记载内容还有其他一些项目。不同公司开列的提单其格式各不相同，但其内容大致相似，主要包括正面的内容和背面的条款。现以实验单据里的中国对外贸易运输总公司的提单为例，将每一个栏目的填写介绍如下：

1. 托运人（shipper）。

托运人是指委托运输的人，在贸易中是合同的卖方。

2. 收货人（consignee）。

这一栏的填写和托运单“收货人”一栏的填写完全一致，应严格按照信用证（L/C）的有关规定填写。一般来说，提单收货人栏有三种填法，即记名收货人、凭指示和记名指示。实务中，要看信用证怎么规定：

（1）记名收货人，例如：信用证规定：“……Bill of lading made out ABC CO.”，则提单收货人一栏应填写“ABC CO.”，即货交 ABC CO.。

（2）凭指示，即 TO ORDER。例如，在信用证提单条款中这样规定：“……Bill of lading made out to order”，则提单收货人一栏应填写“To order”即可。

（3）记名指示，即“to the order of ×××”，记名指示人（×××）可以是银行，也可以是贸易商。例如：“……Bill of lading made out to the order of HSBC”，则提单收货人一栏应填写“To the order of HSBC”，即凭 HSBC 指示。

3. 被通知人（notify party/notify addressed）。

这一栏内容的填写应与信用证条款相一致。如果来证没有说明哪一方为被通知人，那么就应将 L/C 中的申请人名称、地址填入副本 B/L 的这一栏中，而正本的这一栏保持空白。

4. 前段运输（pre carriage by）。

如果货物需转运，在这一栏中填写第一程船的船名；如果货物不需转运，空白这一栏。

5. 接货地点（place of receipt）。

如果货物需转运，填写收货的港口名称；如果货物不需转运，空白这一栏。

6. 船名及航次（ocean vessel voy. NO）。

如果货物需转运，填写第二程船的船名和航次；如果货物不需转运，填写实际运输船舶的船名和航次。

7. 装运港（port of Loading）。

如果货物需转运，填写中转港口名称；如果货物不需转运，填写装运港名称。

8. 卸货港（port of discharge）。

填写卸货港（指目的港）名称。

9. 目的地（place of delivery）。

填写最终目的地名称。如果货物的目的地是目的港的话，空白这一栏。

10. 唛头（marks & nos）。

该栏填写唛头，应与商业发票上的唛头完全一致。如果既无集装箱号又无唛头时，填写“N/M”。

11. 商品描述（description of goods）。

本栏包括三个栏目，但无须分别填写。填写的内容包括：第一，商品名称；第二，最大包装的件数；第三，运费条款。

商品名称填写应与托运单完全一致，不得有任何增减，在使用文字上要求严格按信用证要求。

运费条款。在各种类型的提单中都有运费计算这一栏目，一般有运费预付（freight prepaid）和运费到付（freight collect），使用哪一种应根据价格术语来确定。当使用 CIF 或 CFR 时，应选择运费预付（freight prepaid）；当采用 FOB 时，应采用运费到付（freight collected）。

12. 毛重（gross weight）。

填写毛重，其内容应与托运单保持完全一致。

13. 尺码（measurement）。

填写尺码。其内容应与托运单保持一致。

14. 正本/提单数（number of original B/L）。

此栏显示的是船公司为承运此批货物所开具的正本提单的份数，一般是 1 ~ 3 份。

15. 签发地及日期（place and date of issue）。

根据国际商会《跟单信用证统一惯例》规定，如果提单上没有预先印就“已装船”（shipped on board……）字样的，则必须在提单上加注装船批注（on board notation）。已装船提单的签发日期视为装运日期。

16. 承运人或承运代表签字（signed for or on behalf of the carrier）。

根据国际商会《跟单信用证统一惯例》第 20 条规定，海运提单应由承运人或代表承运人的具名代理人签署证实，或由船长或代表船长的具名代理人签署证实；同时规定，承运人或船长的任何签署或证实必须视情况可识别其为承运人或船长，代表承运人或船长签署或证实的代理人还必须表明被代理一方（即承运人或船长）的名称和身份。

例如：承运人（PACIFIC INTERNATIONAL LINES LTD）本人签发提单应签署：PACIFIC INTERNATIONAL LINES LTD AS CARRIER。

代理人（FAN CHENG INTERNATIONAL TRANSPORTATION SERVICE CO.，LTD）代签提单应签署：FAN CHENG INTERNATIONAL TRANSPORTATION SERVICE CO.，LTD AS AGENT FOR PACIFIC INTERNATIONAL LINES LTD AS

CARRIER。

载货船长签发提单应签署 CAPTAIN James Brown AS MASTER。

（二）提单背面的印刷条款

提单背面的印刷条款主要有：

（1）首要条款和提单适用法（paramount clause）；

（2）定义条款（definition）；

（3）承运人责任条款（carrier' s responsibility）；

（4）承运人责任期间条款（period of responsibility）；

（5）承运人赔偿责任限制条款（limit of liability）；

（6）特定货物条款。

此外，提单背面还列有许多其他条款等。

（三）提单的背书

实务中，通常所说的“背书”是指“指示提单”在转让时所需要进行的背书。背书（endorsment）是指转让人（背书人）在提单背面写明或者不写明受让人并签名的手续，主要有记名背书、不记名背书和指示背书等几种方式。

第三节　仿真模拟租船订舱和装船

一、实验流程

1. 实验参与方。

出口商；进口商；船公司（外轮代理公司）。

2. 实验单据。

出口托运单（见附表4－14）、海运提单（见附表4－15）、装货单（见附表4－16）、收货单（见附表4－17）。

3. 实验步骤。

（1）寻找船公司。若以CIF、CFR成交，出口商一边备货，一边寻找合适的船公司；若以FOB成交，则由进口商寻找船公司。

（2）确定船公司后，进/出口商根据相应的船期配合转运期限进行定舱。

（3）船公司接受后，向进/出口商发给配舱通知，告知船和舱的相关信息，出口商准备发货。

（4）出口商向船公司索要并填写托运单两份，船公司盖章后留底一份并返回一份给出口商，船公司以此作为制作提单的依据。

（5）船公司填写海运提单。

（6）出口商填写装货单和收货单各1份，与船公司办理装货，并在装货后将装货单和收货单交给船公司签字，装货单返还进出口商。

（7）装船出运。

（8）出口商将收货单交给船公司，并从船公司处获得提单。

二、实验成果与评价

实验成果：出口商正确填写托运单、装货单；船公司开具海运提单；出口商获取海运提单。

实验评价：注意海运提单的各项要素是否正确、齐全。

第四节　案例分析与理论思考

一、案例分析

（一）海运提单的填写

上海市纺织品进出口公司（Shanghai Textiles Import & Export Corporation）与美国 CRYSTAL KOBE LTD. 洽谈含55%纤维45%棉的女士短衫（LADIES' 55% ACRYLIC 45% COTTON KNITTED BLOUSE）签订的合同。

2001年11月10日，上海市纺织品进出口公司向中国对外贸易运输总公司办理海运托运手续，托运单显示货物毛重2 584千克，体积11.58立方米。货物于2001年11月20日装上了 ZHE LU V. 031118SE 船并开出3份正本提单，提单号为：CSA1505。

（二）根据信用证相关信息填写提单

1. 信用证（1）。

From：STAND AND CHARTERED BANK LTD.，COPENHAGEN
To：BANK OF CHINA，TAIYUAN BRANCH
Doc. Credit Number　*20：002/0503668
Date of Issue：　31C：05-03-20（YY-MM-DD）
Expiry　*31D：05-06-15（YY-MM-DD）Place CHINA
Applicant　*50：DE TUINKRAMER B. V.
Beneficiary　*59：CHINA NATIONAL ARTS&CRAFTS CORPORATION
TAIYUAN BRANCH
TAIYUAN FOREIGN TRADE BUILDING 85 99
ZHONGSHAN ROAD 7，TAIYUAN，CHINA

Shipper SHANGHAI TEXTILES IMPORT & EXPORT CORPORATION	中国对外贸易运输总公司 上海　SHANGHAI B/L　No. CSA1505 COMBINED TRANSPORT BILL OF LADING COMBINED TRANSPORT BILL OF LADING
Consignee or order CRYSTAL　KOBE LTD. , 1410　BROADWAY, ROOM　300　NEW YORK,　NY10018 U. S. A.	RECEIVED the foods in apparent good order and condition as specified below unless otherwise stated herein. THE Carrier, in accordance with the provisions contained in this document, 1) undertakes to perform or to procure the performance of the entire transport form the place at which the goods are taken in charge to the place designated for delivery in this document, and 2) assumes liability as prescribed in this document for such transport One of the bills of Lading must be surrendered duty indorsed in exchange for the goods or delivery order. ,
Notify address THE SAME AS CONSIGNEE TEL NO. 559 – 525 – 70000	

Pre – carriage by	Place of Receipt		
Ocean Vessel ZHELU V. 031118SE	Port of Loading SHANGHAI		
Port of Discharge NEW YORK	Place of Delivery	Freight payable at SHANGHAI	Number of original Bs/L THREE (3)

Marks and Nos. Number and kind of packages Description of goods Gross weight (kgs.) Measurement (m^3)

Marks and Nos.	Description of goods	Gross weight	Measurement
CRYSTAL KOBE LTD. ,	LADIE'S 55% ACRYLIC 45% COTTON		
NEW YORK	KNITED BLOUSE IN CARTON	2548KGS	11.58M^3
ORDER NO. 21SSG – 017	STYLE NO. H32331SE		
STYLE NO. H32331SE	500 DOZ AT USD48. 50 PER DOZ		
L-02-I-03437	CIF NEW YORK LESS 3 PCT		
CARTON/NO. 1 – 120			
MADE IN CHINA	FTRIGHT PREPAID		

ABOVE PARTICULARS FURNISHED BY SHIPPER

Freight and charges	IN WITNESS where of the number of original bills of Lading stated above have been signed, one of which being accomplished, the other (s) to be void.
	Place and date of issue SHANGHAI Nov. 20th, 2001
	Signed for or on behalf of the carrier WAN JIANPING AS AGENT FOR THE CARRIER NAMED ABOVE

Amount　　　　　　　　* 32B：CURRENCY USD AMOUNT 16 172. 10

……

Partial Shipments　　　43P：NOT ALLOWED

Transshipment　　　　　43T：ALLOWED

Loading in Charge　　　44A：QINGDAO，CHINA

For Transport to…　　　44B：ROTTERDAM

Latest Date of Ship.　　44C：05 – 05 – 30（YY-MM-DD）

Descript. Of Goods　　　45A：

5 134 UNITS WIRE PRODUCTS CIF ROTTERDAM USD3. 15 PER UNIT AS PER CONTRACT NO. 2005KE1985

Documents required　　46A：

FULL SET OF CLEAN OCEAN BILL OF LADING MADE OUT TO OUR ORDER QUOTING L/C NO. AND NOTIFY BUYER, MARKED FREIGHT PAID.

Some useful information：

Shipping mark：DE TUINKRAMER B. V.
ROTTERDAM
C/NOS. 1 – 171

Goods packed in wooden cases，171 cases total

G. W.：97kg/case　N. W.：94kg/case　M：50 * 45 * 45cm/case

Container No.：46734587M48

Name of vessen：QINGYANG V. 126/VINONA

Port of transshipment：HONGKONG

2. 信用证（2）。

APPLICATION HEADER 0 700 1312 030703 SHBKCOPTNXXX4876 4674316
* THE HONGKONG AND SHANGHAI BANKING CORP. LTD
* HONGKONG

Doc. Credit Number：　* 20：6764/05/12345B

Date of Issue　　　　31C：050516（YY-MM-DD）

Expiry　　　　　　　* 31D：Date 050831（YY-MM-DD）Place CHINA

Applicant　　　　　　* 50：THOMAS INTERNATIONAL COMPANY LIMITED
1/F WINFUL CENTRE，SHING YIP STREET，
KOWLOON，HONGKONG

Beneficiary：　　　　* 59：FENGYUAN LIGNT INDUSTRIAL PRODUCTS

IMP. AND EXP. CORP

Amount	*32B:	Currency USD Amount 10 560.00
……		
Partial Shipment.	43P:	NOT ALLOWED
Transshipment	43T:	ALLOWED
Loading in Charge	44A:	CHINA PORT
For transport to	44B:	ANTWERP
Latest date of ship.	44C:	050815 (YY-MM-DD)
Descript. Of Goods	45A:	APPLICANT'S ITEM NO. HW-045 WOODEN HANGER, 66, PCS, THE PACKING IS 100 PCS PER STRONG EXPORT CARTON OF 3.00 CUFT @ USD16.00 NPER CARTON CIF ANTWERP INCLUDING 3 PCT COMMISSION SHIPPING MARKS-: GH – 1904 – 001 (IN A DIAMOND) C/NO:
Documents required:	46A:	*3/3 CLEAN ON BOARD OCEAN BILL OF LADING MADE OUT TO OUR ORDER AND NOTIFY BAVARIAZ TRADING CO. LTD., 12 F PHILIP CENTER 359 QUEEN AVNUE, BERLIN. MARKED FREIGHT PREPAID EVIDENCING SHIPMENT FROM CHINA PORT TO ANTWERP NOT LATER THAN AUG. 15, 2005.

Some useful information:
Loading port: Shanghai, China
Date of B/L: Aug. 2. 0225
S. S: TONGMEI V. 155/FARROR
Port of transshipment: HongKong
B/L No.: KEY48609
M: 55.44M3
G. W.: 52.6KGS/CTN
N. W.: 50.4KGS/CTN

二、理论思考

1. 租船订舱需要签订哪些重要单据?
2. 海运提单的作用有哪些?其包括哪些主要要件?

3. 《联合国国际货物销售合同公约》对分批装运和转运有哪些规定?
4. 如何区分“装运时间”和“交货时间”?
5. 提单的性质和作用有哪些?
6. 构成国际多式联运需具备哪些条件?

第八章　仿真实习环境下的国际货物保险

第一节　国际货物运输保险概述

一、保险人承保的风险

海上货物运输保险的保险人即保险公司，主要承保两类风险：一类是海上风险；另一类是外来风险。

（一）海上风险

海上风险（perils of sea）又叫海难，它包括“自然灾害”和“意外事故”。自然灾害（natural calamities）是指由于自然界变异引起破坏力量所造成的现象，如暴风雨、雷电、海啸、火山爆发等。意外事故（fortuitous accidents）是指由于意料不到的或者不可抗拒原因造成的事故，如搁浅、触礁、碰撞、沉没、流冰、火灾、爆炸、船舶失踪等。

（二）外来风险

外来风险（extraneous risks）是指由于外来原因引起的损失。这里所谓的外来原因，并非必然发生的，而是指由于外部因素造成的。这类风险主要有偷窃、雨淋、受潮、受热、发霉、串味、玷污、渗漏、短量、钩损、锈损等。

此外，还有一些由于特殊外来原因造成的风险，例如战争、罢工、交货不到、进口国拒绝进口等。

二、保险人承保的损失

海运保险货物在海洋运输中由于海上风险所造成的损坏或灭失，称为海损（average）。海损按照损失的程度不同，可分为全部损失与部分损失；按照损失的性质，可分为共同海损和单独海损。

全部损失（total loss）简称全损（T. L.），指运输中的整批货物或不可分割的一批货物全部损失。部分损失（partial loss）是指货物的损失没有达到全部损失的程度。在保险业务中，部分损失又因其性质不同，可分为共同海损和单独海损。

共同海损（general average，简称 G. A.），是指载货的船舶在海上遇到灾害、事故，威胁到船货等各方的共同安全，为了解除这种威胁，维护船货安全，或者使航程得以继续完成，由船方有意识地、合理地采取措施，造成某些特殊的损失或者支出的额外费用。单独海损（particular average）是指在海上运输途中因海上风险而造成的不能列入共同海损的部分损失。单独海损由各受损者单独承担。

三、保险人承保的费用

（一）施救费用（sue and labour expenses）

施救费用是指被保险货物遭遇保险责任范围内的灾害事故时，由被保险人或者他的代理人、雇佣人员和受让人等为抢救保险标的和防止损失的扩大而采取措施所支出的费用。

（二）救助费用（salvage charge）

救助费用是指被保险货物遭受保险责任范围内的灾害事故，由保险人和被保险人以外的第三者采取救助行为而应向其支付的报酬。

四、我国海洋货物运输保险险别

中国人民保险公司保险条款简称“中国保险条款”（China Insurance Clause 简写 C. I. C.）。

保险的责任范围即指所承保的险别，它分为基本险别和附加险别两类。

（一）基本险别及其责任范围

1. 平安险。

平安险（free from particular Average，简称 F. P. A.）的责任范围如下：

（1）被保险货物在运输途中由于恶劣气候、雷电、海啸、地震、洪水等自然灾害造成整批货物的全部损失或推定全损。以驳船运往或远离海轮时，每一驳船之货视为一整批。

（2）由于运输工具遭受搁浅、触礁、沉没、互撞、与流冰或其他物体碰撞，以及失火、爆炸等意外事故造成被保险货物的部分损失。

（3）运输工具发生搁浅、触礁、沉没等意外事故，不论这些意外事故发生之前或者之后货物在海上又遭受了恶劣气候、雷电、海啸等自然灾害所造成的被保险货物的部分损失。

（4）在装卸转船过程中，被保险货物一件或数件落海所造成的全部损失或部分损失。

（5）运输工具遭受自然灾害或意外事故，在避难港卸货所引起被保险货物的全部损失和部分损失。

(6) 运输工具遭遇自然灾害和意外事故，需要在中途的港口或者在避难港口停靠，因而引起的卸货、装货、存仓以及运送货物所产生的特别费用。

(7) 发生共同海损所引起的牺牲、分摊费和救助费用。

(8) 运输契约订有“船舶互撞责任”条款，根据该条款规定由货方偿还船方的损失。

2. 水渍险。

水渍险（with particular average，简称 W. P. A.）的责任范围除包括“平安险”的各项责任外，还负责被保险货物由于恶劣气候、雷电、海啸、地震、洪水等自然灾害造成的部分损失。

3. 一切险。

一切险（all risks，简称 A. R.）的责任范围除包括“平安险”和“水渍险”的所有责任外，还包括货物在运输过程中因一般外来原因所造成的全部或部分损失。

上述三种基本险别，被保险人可以从中选择一种投保。

（二）附加险别及其责任范围

附加险别是基本险别责任的扩大和补充，归纳起来有一般附加险和特殊附加险两类。

1. 一般附加险。

一般附加险负责赔偿由于一般外来原因引起的风险所造成的各种损失。中国人民保险公司承保的一般附加险有 11 种，即偷窃、提货不着险，淡水雨淋险，短量险，混杂、玷污险，渗漏险，碰损、破碎险，串味险，受潮受热险，钩损险，包装破裂险和锈损险。

2. 特殊附加险。

特殊附加险承保由于特殊外来原因如政治、军事、国家政策法令等风险所造成的损失。常见的特殊附加险主要有：交货不到险，进口关税险，舱面险，拒收险，黄曲霉素险，卖方利益险，出口货物到香港（包括九龙在内）或澳门存仓火险责任扩展条款，罢工险和战争险等。

应注意的是，附加险别不能单独投保，被保险人只能在投保了基本险别的基础上，再保一种或几种附加险。

（三）除外责任

除外责任（exclusion）是指保险公司明确规定不予赔偿的损失和费用范围。其内容有：被保险人的故意行为或过失所造成的损失；发货人的责任引起的损失；保险责任开始，保险货物已存在的品质不良或数量短差；保险货物的自然损耗、本质缺陷、市价跌落以及运输延迟所引起的损失和费用；战争险和罢工险条款承保的责任范围和除外责任。

（四）责任起讫

根据我国《海洋运输货物保险条款》规定，保险责任起讫按照国际惯例，采用“仓至仓条款”（warehouse to warehouse clause，简称W/W clause）。即保险责任自被保险货物运离保险单所载明的起运地发货人仓库或储存处所时开始生效，包括正常运输过程中的海上、陆上、内河和驳船运输在内，直至该项货物到达保险单所载明的目的地收货人的仓库为止，但最长不超过被保险货物卸离海轮后60天。

但是，战争险的保险责任期限不采用“仓至仓”条款，而仅以水面危险为限。

（五）被保险人的义务

1. 损失通知。

当被保险人获悉或发现被保险货物已经遭受损失，应立即通知保险公司或保险单上所载明的保险公司在当地的检验、理赔代理人，并申请检验。

2. 向承运人等有关方面提出索赔。

被保险人或其代理人应立即向承运人或有关当局（如海关、港务当局等）索取货损货差证明。如货损货差涉及承运人、码头、装卸公司等方面责任的，还应立即以书面形式向有关责任方提出索赔，并保留追偿权利，有时还要申请延长索赔时效。

3. 采取合理的施救、整理措施。

被保险货物受损后，被保险人应迅速对受损货物采取必要合理的施救、整理措施，防止损失的扩大。

4. 备妥索赔单据。

被保险货物的损失经过检验，并且被保险人办妥向承运人等第三者责任方的追偿手续后，应立即向保险公司或其代理人提出赔偿要求。提出索赔时除应提供检验报告外，通常还须提供其他单据。

5. 代位追偿。

在保险业务中，为了防止被保险人双重获益，保险人在履行全损赔偿或部分损失赔偿后，在其赔付金额内，要求被保险人转让其对造成损失的第三者责任方要求全损赔偿或相应部分赔偿的权利，这种权利称为代位追偿权（right of subrogation），或称为代位权。

（六）索赔期限

三种基本险别的索赔期限，从自被保险货物在最后卸载港全部卸离海轮后起算，最多不超过两年。

（七）费率规定

所有自我国出口至世界各地货物的费率，均按《一般货物费率表》所列标准计算。但如在指明货物费率表中列明的货物并承保一切险时，还须加上指明货物费率计算保险费，有特殊规定的按特殊规定计收。

五、伦敦保险协会海运货物保险条款

在国际货物运输保险业务中，伦敦保险协会制定的《协会货物条款》（institute cargo clause，简称 I. C. C.）对世界各国保险业有着广泛的影响。

（一）I. C. C.（A）险的责任范围及除外责任

1. I. C. C.（A）险的责任范围。

根据伦敦保险协会对新条款的规定，I. C. C.（A）采用"一切风险减除外责任"的办法，即除了"除外责任"项下所列风险保险人不予负责外，其他风险均予负责。

2. I. C. C（A）险的除外责任。

I. C. C.（A）的除外责任分列为四类：

（1）一般除外责任。如归因于被保险人故意的不法行为造成的损失或费用；自然渗漏、自然损耗、自然磨损、包装不足或不当所造成的损失或费用；直接由于延迟所引起的损失或费用；由于船舶所有人、租船人经营破产或不履行债务所造成的损失或费用；由于使用任何原子或核武器所造成的损失或费用。

（2）不适航、不适货除外责任。指保险标的在装船时，如被保险人或其受雇人已经知道船舶不适航，以及船舶、装运工具、集装箱等不适货，保险人不负赔偿责任。

（3）战争除外责任。如由于战争、内战、敌对行为等造成的损失或费用；由于捕获、拘留、扣留等（海盗除外）所造成的损失或费用；由于漂流水雷、鱼雷等造成的损失或费用。

（4）罢工除外责任。罢工者、被迫停工工人造成的损失或费用，以及由于罢工、被迫停工所造成的损失或费用等。

（二）I. C. C.（B）险的责任范围和除外责任

1. I. C. C.（B）险的责任范围。

（B）和（C）险规采用"列明风险"的方法，即在条款的首部开宗明义地把保险人所承保的风险一一列出。

I. C. C.（B）险承保的风险是：

（1）火灾或爆炸；

（2）船舶或驳船搁浅、触礁、沉没或倾覆；

（3）陆上运输工具的倾覆或出轨；

（4）船舶、驳船或运输工具同除水以外的任何外界物体碰撞；

（5）在避难港卸货；

（6）地震、火山爆发、雷电；

（7）共同海损牺牲；

（8）抛货或浪击落海；

（9）海水、湖水或河水进入船舶、驳船、运输工具、集装箱、大型海运箱或贮存处所；

（10）货物在装卸时落海或摔落造成整件的全损。

2. I. C. C.（B）险的除外责任。

I. C. C.（B）与I. C. C.（A）险的除外责任基本相同，但有下列两点区别：

（1）I. C. C.（A）险只对被保险人的故意不法行为造成的损失、费用不负赔偿责任外，对于被保险人之外的任何个人或数人故意损害和破坏标的物或其他任何部分的损害要负赔偿责任。但在I. C. C.（B）险下，保险人对此也不负赔偿责任。

（2）I. C. C.（A）险对海盗行为列入保险范围，而I. C. C.（B）险对海盗行为不负保险责任。

（三）I. C. C.（C）险的责任范围和除外责任

1. I. C. C.（C）险的责任范围。

（1）火灾、爆炸；

（2）船舶或驳船触礁、搁浅、沉没或倾覆；

（3）陆上运输工具倾覆或出轨；

（4）在避难港卸货；

（5）共同海损牺牲；

（6）抛货。

2. I. C. C.（C）险的除外责任。

I. C. C.（C）险的除外责任与I. C. C.（B）险完全相同。

在协会条款中，除（A）、（B）、（C）险三种险外，还有战争险、罢工险和恶意损害三种。

此外，《协会货物条款》三种基本险别（A）、（B）、（C）的保险责任起讫，仍然采用“仓至仓”条款；战争险的保险期间仍采用“水上危险”原则；同时，罢工险的保险期间也采用“仓至仓”原则。

第二节　国际货物运输保险单据概述

在各种运输货物保险中，起源最早、历史最悠久的是海上运输货物保险，其他运输方式货物保险都是借鉴海运货物保险的基本做法，因此，海运保险单也越来越频繁地出现在贸易的全套单据中。

保险单（insurance policy）是保险人与被保险人之间订立保险合同的证明文件，它反映了保险人与被保险人之间的权利和义务关系，也是保险人的承保证明。当发生保险责任范围内的损失时，它又是保险索赔和理赔的主要依据。目前，在保险实务中，我国绝大多数企业采用中国人民保险公司出具的海洋货物运输保险单，也有部分企业采用英国伦敦保险业协会海运货物保险条款。

在国际贸易中是否使用保险单，取决于 L/C 的规定。在确定以 FOB、CFR 价格成交时，出口方无须提交保险单；在以 CIF 价格成交时，出口方须办理保险手续，填写保险单。

一、保险单据的种类

（一）保险单（insurance policy）

保险单俗称大保单，是使用最广泛的一种保险单据。

（二）保险凭证（insurance certificate）

保险凭证俗称小保单，是一种简化的保险合同。这种凭证除背面不载明保险人和被保险人双方的权利和义务等保险条款外，其他内容与保险单相同。保险凭证与大保单具有相同的法律效力。

（三）批单（endorsement）

保险单出立后，投保人如需要补充或变更其内容时，可根据保险公司的规定向保险公司提出申请，经同意后即另出一种凭证，注明更改或补充的内容，这种凭证即称为批单。

（四）预约保险单（open policy）

预约保险单是一种长期性的货物运输保险合同。合同中规定了承保范围、险别、费率、责任赔款处理等项目。凡属于合同约定的运输货物，在合同有效期内自动承保。

二、保险单的缮制

现以中国人民保险公司的海洋货物运输保险单的缮制方法为例，解释保险单的缮制方法。

1. 被保险人（insured）。

在出口业务中，通常买卖双方对货物的权利凭单据的转移而转移，保险单中的可保利益（即货物）也随卖方转移给买方，因此，运输保险索赔几乎是由买方进行的。

2. 唛头（marks & nos）。

一般与商业发票的唛头完全一致。

3. 包装及数量（quantity）。

本栏填写商品外包装的数量及种类。

4. 保险货物项目（description of goods）。

本栏填写商品的名称，可以用总称。

以上 2、3、4 栏目的填写内容与提单一致。其中货物一栏使用统称；标记可以只填“AS PER INVOICE NO. ×××”。

5. 保险金额（amount insured）。

保险金额应按信用证规定的金额及加成率投保。如果信用证对此未做规定，一般是按发票金额加一成（即 110% 发票金额）填写；但允许不按这个比例而按双方商定的比例计算而成，如允许加 2 成或 3 成甚至更多。保险单上的保险金额的填写方法应该是“进一法”，即如果保险金额为 USD18 055. 16，则在此栏应填写 USD18 056。

6. 保险总金额（total amount insured）。

这一栏目只需将保险金额以大写的形式填入，计价货币也应以全称形式填入。注意，保险金额使用的货币应与信用证使用的货币一致。

7. 保费（premium）。

一般这一栏都已由保险公司在保险单印刷时填入“as arranged”字样，出口公司在填写保险单时无须填写。

8. 费率（rate）。

这一栏基本上不需要由出口公司填写，保险公司已经在该栏目中印有“as arranged”字样。

9. 装载工具（per conveyance S. S）。

该栏应如实填写装载船的船名。当运输由两种运输完成时，应分别填写第一程船名和第二程船名。填写时，要按提单中相应栏目的内容填写，如提单的第一程船名是“May Flower”，第二程船名是“Shanghai”时，本栏目应这样填写“May Flower / Shanghai”。

10. 开航日期（slg on or abt）。

一般地，这一栏根据提单中提单签发日填，也可以填写“As Per B/L”。

11. 起讫地点（from……to……）。

起点指装运港名称，讫点指目的港名称。当一批货物经转船到达目的港时，这一栏照下列方法填写：From 装运港 To 目的港 W/T（VIA）转运港。

12. 承保险别（conditions）。

出口公司在制单时，只需在副本上填写这一栏的内容。当全套保险单填好交给保险公司审核、确认时，才由保险公司把承保险别的详细内容加注在正本保险单上。

13. 赔付地点（claim payable at）。

一般的，将目的地作为赔付地点，将目的地名称填入这一栏目。

14. 日期（date）。

指填写保险单的签发日期。

15. 背书（endorsement）。

海运保险单是可以经背书转让的单据。根据国际保险行业的习惯，保险单据经被保险人背书后，即随着被保险货物的所有权转移自动转到受让人手中。保险单背书一般分为空白背书和记名背书。空白背书只注明被保险人（包括出口公司的名称和经办人的名字）的名称。

第三节　仿真模拟投保

一、实验流程

（一）实验参与方

进/出口商；出口商所在保险公司。

（二）实验单据

货物运输保险投保单（见附表 4－18）、货物运输保险单（见附表 4－19）。

（三）实验步骤

（1）确定贸易方式，决定由谁办理投保业务并填写投保单。若以 CIF 成交，保险由出口商办理，出口商根据信用证的规定填写货物运输保险投保单，并附商业发票向保险公司投保。若以 FOB 或 CFR 成交，出口商有义务在货物发运后将装船通知（Shipping Advice）以电讯方式发给进口商，进口商据以缮制投保单，则出口商应通知进口商办理保险。

（2）保险公司承保后，签发货物运输保险单给出口商或进口商。

二、实验成果与评价

实验成果：确定投保人，投保人获得保险单。

实验评价：保单内容应与信用证保持一致。

第四节 案例分析与理论思考

一、案例分析

（一）根据相关信用证内容和信息制作保险单

1. 信用证（1）。

Doc. Credit Number	*20：6764/05/12345B
Date of Issue	31C：050516（YY-MM-DD）
Expiry	*31D：Date 050831（YY-MM-DD）Place CHINA
Applicant	*50：THOMAS INTERNATIONAL COMPANY LIMITED 1/F WINFUL CENTRE，SHING YIP STREET，KOWLOON，HONGKONG
Beneficiary：	*59：FENGYUAN LIGNT INDUSTRIAL PRODUCTS IMP. AND EXP. CORP
Amount	*32B：Currency USD Amount 10 560. 00
……	
Partial Shipment	43P：NOT ALLOWED
Transshipment	43T：ALLOWED
Loading in Charge	44A：CHINA PORT
For transport to	44B：ANTWERP
Latest date of ship	44C：050815（YY-MM-DD）
Descript. Of Goods	45A：APPLICANT' S ITEM NO. HW-045 WOODEN HANGER，66，PCS，THE PACKING IS 100 PCS PER STRONG EXPORT CARTON OF 3. 00 CUFT @ USD16. 00 NPER CARTON CIF ANTWERP INCLUDING 3 PCT COMMISSION SHIPPING MARKS-：GH-1904 –001（IN A DIAMOND） C/NO：
Documents required	46A：INSURANCE POLICY/CERTIFICATE BLANK ENDORSED FOR 110% OF INVOICE VALUE COVERING I. C. C. （A）AND ICC WAR CLAUSES（CARGO）. CLAIMS，IF ANY，PAYABLE AT THE PORT

OF DESTINATION IN THE CURRENCY OF DRAFT.

Some useful information:
Loading port: Shanghai, China
Date of B/L: Aug. 2. 0225
SS: TONGMEI V. 155/FARROR
Port of transshipment: HongKong
Invoice No.: 2005C8K4897

2. 信用证（2）。

From: STAND AND CHARTERED BANK LTD, COPENHAGEN
To: BANK OF CHINA, TAIYUAN BRANCH

Doc. Credit Number	*20: 002/0503668
Date of Issue	31C: 05－03－20 (YY-MM-DD)
Expiry	*31D: 05－06－15 (YY-MM-DD) Place CHINA
Applicant	*50: DE TUINKRAMER B. V.
Beneficiary	*59: CHINA NATIONAL ARTS&CRAFTS CORPORATION TAIYUAN BRANCH TAIYUAN FOREIGN TRADE BUILDING 85－99 ZHONGSHAN ROAD 7, TAIYUAN, CHINA
Amount	*32B: CURRENCY USD AMOUNT 16 172. 10
……	
Partial Shipments	43P: NOT ALLOWED
Transshipment	43T: ALLOWED
Loading in Charge	44A: QINGDAO, CHINA
For Transport to……	44B: ROTTERDAM
Latest Date of Ship	44C: 05－05－30 (YY-MM-DD)
Descript. Of Goods	45A: 5 134 UNITS WIRE PRODUCTS CIF ROTTERDAM USD3. 15 PER UNIT AS PER CONTRACT NO. 2005KE1985
Documents required	46A: INSURANCE POLICY COVERING ALL RISKS AND WAR RISK AND SRCC AS PER CIC FOR 110 PCT OF NIVOICE VALUE, CLAIMS, IF ANY, PAYABLE AT THE PORT OF DESTINATION IN CURRENCY OF

DRAFT.

Some useful information：

Shipping mark：DE TUINKRAMER B. V.
ROTTERDAM
C/NOS. 1 - 171

Goods packed in wooden cases，171 cases total

G. W.：97kg/case　N. W.：94kg/case　M：50*45*45cm/case

Container No.：46734587M48

Name of vessen：QINGYANG V. 126/VINONA

Port of transshipment：HONGKONG

Invoice No.：173324009

二、理论思考

1. 共同海损与单独海损的区别？
2. 什么是"仓至仓条款"？贸易术语如何影响仓至仓的起讫点？
3. 我国海运基本险有哪些？它们的责任范围有什么关系？
4. 如何进行投保险别的选择？
5. 保险金额如何确定？

第九章　仿真实习环境下的进出口商检

第一节　商品检验概述

一、商品检验的含义

商品检验（commodity inspection）是指在国际货物买卖中对卖方交给买方的货物的品质、数量、包装、残损以及货物装运技术条件的检验和公正鉴定。商检条件的内容一般包括检验时间与地点、检验机构、检验证书，有的还将具体的检验方法和标准列入商检条件内。

在国际货物的买卖中，交易双方由于分处异国，难以当面验收货物，而且买卖的货物需要经过长途运输、多次装卸，容易引发货物的残损、短缺现象。一旦出现这类问题，就会涉及到发货人、运输部门、保险公司、装卸部门等方面的责任，因此，商品检验就成为了国际货物买卖中一个重要的环节和买卖合同中不可缺少的内容。

二、商品检验条款的内容

（一）商品检验的时间和地点

1. 买方检验权和货物的接受与拒收。

在国际货物买卖中，买方收到货物不等于买方接受货物，“收到”（receipt）和“接受”（acceptance）是两个不同的概念，所以，买方“收到”货物并不等于他“接受”货物。如果他认为所收到的货物与买卖合同的规定不符时，他可以不接受货物，但必须表示拒收。

在长期的国际贸易实践中，对于货物的查看或检验、接受、拒收方面已形成了一些惯例。如联合国《销售合同公约》第 38 条规定：（1）买方必须在按情况实际可行的最短时间内检验货物或由他人检验货物。（2）如果合同涉及到货物的运输，检验可推迟到货物到达目的地后进行。（3）如果货物在运输途中改运或买方需再发运货物，没有合理机构加以检验，而卖方在订立合同时已知道或理应知道这种改运或再发运的可能性，检验可推迟到货物到达新目的地后进行。按这些规定，即使卖方以 FOB、CFR 或 CIF 条件销售，货物于装船越过船舷后风险就转移给买方，但货到目的港（地）后，买方有权复验。如发现品质、数量（重量）和包装等不符合同规定，卖方仍负有责任。同时，第 38 条还规定了检验时间和地点的问题。

2. 检验的时间与地点。

在国际贸易中，有关买卖合同对检验时间和检验地点的规定可分为以下三种不同做法。

（1）在出口国检验。

这种做法又可分为两种：一种是在产地或工厂检验，即由出口国工厂的检验人员会同买方验收人员对货物进行检验。卖方承担货物离厂前责任，运输途中出现品质、数量方面的风险由买方负责。另一种是以离岸品质、重量为准，由买卖双方所约定的商检机构对货物在装运港进行检验，买方收到货物时，复验后发现问题已无权提出拒收、异议或赔偿。

（2）在进口国检验。

这种做法也可分为两种：一种是以到岸品质、重量（或数量）为准，在目的港卸货检验，一般规定在货物运抵目的港卸货后的一定时间内，由买卖双方约定的商检机构进行检验，并出具检验证书。如交付货物与合同规定的品质、重量（或数量）不符，又系卖方责任，买方有权要求卖方负责解决。第二种方法是在买方营业处所或最终用户所在地检验。若商品品质与合同规定不符，又系卖方责任，则卖方应予负责。这种做法主要适用于一些需要安装调试的成套设备、仪器等或在口岸难以复原、影响运输的商品。

（3）在出口国检验、进口国复验。

按此做法，货物在出口国装运前由商检机构进行检验，但检验证书并不是最后依据，而是作为卖方向银行议付货款时提交的一种单据。货物到达目的港卸货后，买方还有复验权，若商品品质不符合同规定，仍系卖方责任，买方可在一定时间内凭复验证书向卖方提出拒收、异议或赔偿。

以上三种做法第一种对卖方有利，第二种则对买方有利，第三种是买卖双方都比较能接受的，是较为公平合理的检验方式。因此，在出口国检验、在进口国复验这种做法在国际贸易中被广泛采用。

（二）商品检验机构

检验机构一般是指受委托进行商品检验和公正鉴定工作的专门机构。这些机构有官方检验机构，也有同业公会、同业协会或私人经营的非官方检验机构，还有工厂企业、用货单位设立的实验室等。检验机构的名称也多种多样，如检验公司、公证行、公证人、鉴定公司、公证鉴定人、宣誓衡量人、实验室等。

1. 国际上的商品检验机构。

官方机构如美国食品药物管理局（FDA）、罗马尼亚商品检验局；同业协会或公证行如日本海事鉴定协会（NKKK）、中国香港天祥公证化验行；非官方的机构如美国担保人实验所、英国劳式公正行、日内瓦通用鉴定公司等。

2. 中国的商品检验机构。

目前，我国商品检验部门是中华人民共和国国家进出口商品检验局（SACI），并在各省、自治区、直辖市和进出口岸设立进出口商品检验局及其分支机构；另外还专门设立了从事动植物、药物、食品卫生、衡量器具、交通运输工具等检验或检疫机构。1980 年又建立了中国进出口商品检验总公司（CCIC）和各省、自治区、直辖市的中国进出口商品检验分公司，代表国家商检局对进出口商品进行检验检疫工作。1998 年 7 月组建了中华人民共和国出入境检验检疫局（CIQ）为主管出入境商品检验、卫生检疫和动植物检疫的行政执法机构。

（三）商品检验证书

商品检验证书即商检机构依照有关规定，对进出口商品进行检验鉴定后出具的证明书。商品检验证书的作用包括：作为议付货款的一种单据，作为证明交货的品质、重量（数量）、包装以及卫生条件等是否符合合同规定，作为海关通关放行的凭证。检验证书种类很多，主要有以下几种：

（1）品质检验证书（inspection certificate of quality）是证明进出口商品品质、规格、等级、成分、效能等实际情况的证书。要求应与合同和信用证的具体规定一致。

（2）重量（数量）检验证书（inspection certificate of weight or quantity）是根据不同的计重方式（或计量单位）证明进出口商品的重量（数量）。对出口商品，该证书是对外交货、结算和银行结汇的依据，也是国内签发提单和国外报关征税的凭证，还可作为计算运费、装卸费用的计数证件；对进口商品，该证书是对外进行数量、重量结算和发生短缺时对外办理索赔的依据。

（3）兽医检验证书（veterinary inspection certificate）是证明出口动物产品经过检疫的合格证书，是交接货物、银行结汇和进口国通关输入的重要证件。它适用于冻畜肉、冻禽、禽畜肉罐头、皮张、毛类、绒类、肠衣等商品。

（4）卫生健康检验证书（sanitary inspection certificate）又称健康证书（inspection certificate of health），它适用于肠衣、罐头、冻鱼虾、蛋品、乳制品、蜂蜜和其他商品。该证书列有食品卫生检验的有关项目，以证明符合卫生要求，适合人类使用，也是交接货物、结汇和国外通关的重要证件。

(5) 消毒检验证书 (disinfection inspection certificate) 是证明出口动物产品包括猪鬃、皮张、马尾、山羊毛、羽毛和羽绒制品等已经过消毒处理的证书。

(6) 原产地证书 (certificate of origin) 是出口商应进口商要求而提供的、由公证机构或政府或出口商出具的证明货物原产地或制造地的一种证明文件。原产地证书是贸易关系人交接货物、结算货款、索赔理赔、进口国通关验收、征收关税的有效凭证，它还是出口国享受配额待遇、进口国对不同出口国实行不同贸易政策的凭证。

(7) 价值检验证书 (certificate of value of products) 是某些商品需要证明其价值时使用的，证明商品的价格或发货人发票所开列的商品单价和总值真实正确。

(8) 残损检验证书 (inspection certificate on damaged cargo) 是证明进口商品存在残损，向责任方索赔的有效证件。根据不同的鉴定项目，还可分别出具验舱证书 (inspection certificate on hold or tanks)、货载衡量证书 (inspection certificate on cargo weight and easurement) 等。

如果国外商人要求提供其名称证明书时，可建议对方采用上述种类的证书，不另出其他名称的证书。在国际贸易中，买卖双方应根据成交商品的种类、性质、有关法律和贸易惯例来确定交易中应取得何种商品检验证书，并在合同中加以规定。

(四) 商品检验标准和方法

这是商检机构检验和评定进出口商品是否合格的一个衡量尺度。在我国，一般按下述原则办理：

(1) 凡是国家法律、行政法规规定有强制性标准或其他必须执行检验标准的进出口商品，应依照法律、行政法规规定的检验标准进行检验。

(2) 法律、行政法规没有规定标准的，应以外贸合同 (含成交样品) 中规定的检验条款作为检验依据。

(3) 在我国，对进口商品一般按照生产国标准检验；没有生产国标准的，参照国际通用标准或我国的标准检验；国家另有规定的，按有关规定办理。

(4) 对出口商品，有国家标准、地方标准和企业标准，具体适用什么标准，视情况而定。

签订进出口合同时，买卖双方一般要对商品检验的标准和方法做出规定。

(五) 复验

复验是指买方收到货物后有复检权，是否复检由买方决定。如果合同中规定买方有复验权，则应对复验的期限、地点、机构和方法做出明确规定。

三、合同中的商检条款

在签订合同时，要根据需要选择恰当的检验条款。

（一）出口合同中的检验条款

出合同中主要以装运港的品质和质量（数量）检验证书为议付货款的依据，货到目的港后，买方有权复检，可表述为："双方同意以装运港（地）中国出入境检验检疫局签发的品质和重量（数量）检验证书作为信用证项下议付所提交的单据的一部分，买方有权对货物的品质和重量（数量）进行复验，复验费由买方负担。但若发现品质和重量（数量）不符合合同规定，买方有权向卖方索赔，并提供经卖方同意的公正机构出具的检验报告。索赔期限为货物到目的港（地）后××天内。"

（二）进口合同中的检验条款

进口合同中，商品检验条款的一般规定为："双方同意以制造厂或××公证行出具的品质和重量（数量）检验证书作为有关信用证项下付款的单据之一，但货物的品质和重量（数量）的检验应按下列规定办理：货到目的港××天内经中国商检局复验，如发现品质和重量（数量）与本合同规定不符时，除属保险公司或船公司负责者外，买方凭中国商检局出具的检验证明书向卖方提出退货或索赔。所有退货或索赔引起的一切费用（包括检验费）及损失均由卖方负担。在此情况下，如抽样是可行的话，买方可应卖方要求，将有关货物的样品寄交卖方。"

商品检验条款应注意的事项：

（1）选择好关于检验与复检的时间和地点。其时间长短与商品的特点有密切关系；地点选择不当也会造成检验的麻烦与耽误。

（2）商品品质标准的确定。出口商品尽量采取出口国品质标准，进口商品一般按生产国标准或国际标准。

（3）商品质量的保质期限应尽可能从复验后开始。

（4）在合同中应明确检验机构，以国际常用检验证书格式、内容为主。

四、出/入境货物报检书的填写规范

货物出口或进口都需填写出/入境货物报检书，报检书的填写规范如下：

报检单位：报验单位全称并加盖公章。

报验日期：报验的日期。

联系人：报验联系人的姓名。

单位地址：申请报验单位所在地详细地址及邮政编码。

电话：报验申请人的联系电话。

发货人：应是合同上的卖方或信用证的受益人。

受货人：应是合同上的买方或信用证的申请人。

商品名称及规格：按信用证（或合同）规定填写。

商品编码：按《商品分类及编码协调制度》规定的8位数字填写。

报检数量/重量：按实际申请数量/重量填写（重量还应填写净、毛重）。

出口商品总值：按出口合同或发票所列货物总值折算成FOB美元价值填写。

商品收购总值：填写出口经营单位收购时的人民币总值。它是商检机构统计和计算检验费的依据。

产地和生产厂：产地指出口商品的生产地点，生产厂指生产出口商品企业的名称。(1) 产地填省、市、县、名；(2) 生产厂名填全称。

生产加工日期：按工厂实际生产（加工）出厂日期和批次号填写。

商品包装情况：填外包装材料和包装状况是否良好。

标记及号码：(1) 按出口货物报关单或明细单所列标记及号码（又称唛头）填写；(2) 中性包装、裸装、散装商品填“N/M”，注明“裸装”或“散装”。

出口国别：按出口货物报关单所列贸易国别或地区填写。

装运日期：因商检必须在货物装运前办理，所以装运日期一般填写预计日期。

装运口岸：即出口商品报关出运地的口岸。

预约工作日期：必须按实际情况填写，以便商检机构及时、有效地进行商品的检验，并出具检验证书。

货物存放地点：应根据实际情况填写，是在仓库、在码头或其他地方。

卫生注册/许可证号：对于经商检部门检验符合卫生标准的等类食品，应填写卫生注册号；如发质量许可证，则填许可证号。

检验依据：根据实际标明是按国家标准还是按合同或信用证规定进行检验，并填写“国标”或“合同”、“信用证”等。

合同、信用证对商检条款的特殊要求：必须详细填写合同或信用证要求的检验证书的文字要求、副本份数以及其他特殊加注条款。

付款方式：即买方支付货款的方式。

第二节　仿真模拟出口货物商检

一、实验流程

(一) 实验参与方

出口商；商检机构。

（二）实验单据

出境货物报检单（见附表4－20）、商品检验证书（见附表4－21）、原产地证书等（见附表4－22）。

（三）实验步骤

1. 报检。

出口企业填写出境货物报检单，并提供相关单证和资料，包括：出口合同、商业发票、装箱单、信用证、出口货物报关单、厂检结果单。

商检机构在审查上述单证符合要求后，受理该批商品的报验；如发现有不合要求者，可要求申请人补充或修改有关条款。

可同时请求办理原产地证书。

2. 抽样。

由商检机构派员主持进行，根据不同的货物形态，采取随机取样方式抽取样品。报验人应提供存货地点情况，并配合商检人员做好抽样工作。

3. 检验。

检验部门可以使用从感官到化学分析、仪器分析等各种技术手段，对出口商品进行检验。

4. 签发证书。

商检机构对检验合格的商品签发商品检验证书，并在出口货物报关单上加盖放行章。出口企业在取得检验证书或放行通知单后，在规定的有效期内报运出口。

二、实验成果与评价

实验成果：报验方取得相应的商品检验证书，并获得加盖放行章的报关单。

评价：出口商品检验一般于通关之前进行。

第三节　仿真模拟进口货物商检

一、实验流程

1. 实验参与方。

进口方；商检机构。

2. 实验单据。

入境货物报检单（见附表4－20）、商品检验证书（见附表4－21）、原产地证书等（见附表4－22）。

3. 实验步骤。

（1）报检。在货到目的地时，由进口企业填写入境货物报检单，然后向当地商检机构申请报验。报验时应随附下列单据或证件：进口合同、进口报关单、商业发票、装箱单、提单、商品检验证书、原产地证书。

（2）验收准备。

商检机构和报验方成立临时验收小组，熟悉产品资料，拟定验收方案，培训验收人员，落实货物堆放场地，做好接待准备。

（3）拆箱检验。

在拆箱前，先要查看包装标志与合同、提单是否相符，再查看外包装是否完好，有无破损、水渍、油污等。如发现问题，立即向当地商检机构申请鉴定；如未发现问题，则可开箱进一步查看设备、零部件的装载和内包装是否完好；根据装箱单核对数量，查看外观有无锈损。

（4）出证。

经检验合格的，由商检机构签发检验情况通知单，进口商领取货物；不合格的，通知进口商向出口商进行索赔。

二、实验成果与评价

实验成果：报验方取得检验情况通知单，领取货物。

实验评价：于通关之后进行，注意检查商品与提单、报关单等单据是否一致。

第四节　案例分析与理论思考

一、案例分析

根据本书案例，上海市纺织品进出口公司（Shanghai Textiles Import & Export Corporation）与美国 CRYSTAL KOBE LTD. 洽谈含 55% 纤维 45% 棉的女士短衫（LADIES'55% ACRYLIC 45% COTTON KNITTED BLOUSE）签订的合同，根据出口商上海市纺织品进出口公司（Shanghai Textiles Import & Export Corporation）开出的发票和装箱单的相关内容填写出境货物报检单。

中华人民共和国出入境检验检疫出境货物报检单

报检单位（加盖公章）：×××　　　　　　　　　　*编　号________

报检单位登记号：×××　　联系人：×××　　电话：××　　报检日期：×年×月×日

发货人	（中文）上海纺织品进出口公司
	（外文）SHANGHAI TEXTILES IMP. & . EXP. CORPORATION
收货人	（中文）
	（外文）CRYSTAL KOBE LTD. NEW YORK

货物名称（中/外文）	H. S. 编码	产地	数/重量	货物总值	包装种类及数量
55%纤维 45%的棉女士短衫（LADIES'55% ACRYLIC45% COTTON KNITTED BLOUSE）	6 109. 100 0	中国	500DOZS/ 2 584KGS	USD 23 522. 50	500DOZS IN CARTONS

运输工具名称号码	ZHELU V. 031118SE	贸易方式	一般贸易	货物存放地点	逸仙路 1328 号
合同号	21SSG－017	信用证号	L－02－03437	用途	
发货日期	NOV. 8TH，2001	输往国家（地区）	美国	许可证/审批号	×××
启运地	上海	到达口岸	纽约	生产单位注册号	×××
集装箱规格、数量及号码					

合同、信用证订立的检验检疫条款或特殊要求	标记及号码	随附单据（划“√”或补填）	
	CRYSTAL KOBE NEW YORK STYLE NO. H32331SE ORDER NO. 21SSG－017 L－02－I－03437 MADE IN CHINA	☑合同 ☑信用证 ☑发票 ☐换证凭单 ☑装箱单 ☐厂检单	☐包装性能结果单 ☐许可/审批文件 ☐ ☐ ☐ ☐

需要证单名称（划“√”或补填）				*检验检疫费	
☐ 品质证书	√正√副	☐ 植物检疫证书	√正√副	总金额（元人民币）	
☐ 重量证书	√正√副	☐ 熏蒸/消毒证书	√正√副		
☐ 数量证书	√正√副	☐ 出境货物换证凭单		计费人	
☐ 兽医卫生证书	√正√副	☑ 出境货物通关单			
☐ 健康证书	√正√副			收费人	
☐ 卫生证书	√正√副				
☐ 动物卫生证书	√正√副				

报检人郑重声明：	领取证单	
1. 本人被授权报检。 2. 上列填写内容正确属实，货物无伪造或冒用他人的厂名、标志、认证标志，并承担货物质量责任。 签名：×　×　×	日期	NOV. 10TH，2001
	签名	×　×　×

注：有“*”号栏由出入境检验检疫机关填写　　　　◆国家出入境检验检疫局制

二、理论思考

1. 商品检验证书有什么作用？
2. 填写报检单需要注意什么？

第十章　仿真实习环境下的进出口货物报关

第一节　海关概述

一、海关的定义

海关（customhouse）是依法执行进出口监督管理的国家行政机关。其监管的对象包括进出口货物、货币、金银、证券、行李物品、邮递物品、运输工具等。其监督管理的内容，包括征税、查私、临时保管通关货物和统计进出口商品等。海关依据《海关法》和其他有关法律、法规，监管进出境的运输工具、货物、行李物品、邮递物品和其他物品，征收关税和其他税、费，查禁走私，并编制海关统计和办理其他海关业务，海关接受申报，审核、查验、征税、核销、结关放行，是货运监管的基本制度。海关依法独立行使职权，不受行政区划的限制。

二、海关的作用

现将海关主要权力分述如下。

（一）货运监管

根据《中华人民共和国海关法》规定，进口货物自进境起到办结海关手续止，出口货物自向海关申报起到出境止，过境、转运和通运货物自进境起到出境止，应当接受海关监管。海关对保税货物、暂时进口货物、特定减免税货物，除了在进出境环节监管以外，还要进行后续管理。海关监管货物，未经海关许可，任何单位或个人不得开拆、提取、交付、发运、调换、改装、抵押、转让或更换标记。进出口货物的收发货人或其代理人，应向海关如实申报、交验有关单证，接受海关对货物的查验。

（二）行李物品监管和邮递物品监管

我国海关法规定，个人携带进出境的行李物品、邮寄进出境的物品，应当以自用、合理数量为限，并接受海关监管。进出境的物品的所有人应当向海关如实申报，并接受海关查验。海关加施的封志，任何人不得擅自开启或损坏。

（三）查禁走私

凡违反海关法规，逃避海关监管，私运货物出入国境的违法行为，就是走私行为。按照我国法律，凡违反国家规定，非法运输、携带、邮寄货物、金银、货币、有价证券、文物以及其他物品进出国境，构成逃套外汇、偷漏关税，以及未经海关许可私自出售特准减免税进口的货物或物品的行为均属走私。情节较轻的，由海关分别情况，令其补税，或处以罚款或没收；情节严重的，构成走私罪，要按刑事犯罪行为处理。

（四）查验货物

查验货物是指海关在接受申报后，对进口的或出口的货物进行实际的核对查验，确定货物的物理性质或化学性质以及货物的数量、规格等是否与报关单证所列一致。进出口货物除因特殊原因经海关总署特准免验的以外，都应接受海关的查验，查验应当在海关规定的时间和场所进行。

（五）征收进出口关税和其他税费

1. 进出口关税（import and export duties）。

根据《中华人民共和国海关法》的有关规定制定的《中华人民共和国进出口关税条例》的规定，海关对进出口货物要依照《进出口税则》征收进口关税和出口关税。从境外采购进口的原产于中国境内的货物也要征收进口关税。

进口货物的完税价格是以海关审定的成交价格为基础的到岸价格。到岸价格包括货价、加上货物运抵我国关境内输入地点起卸前的包装费、运费、保险费和其他劳务费等费用。

出口货物的完税价格是以海关审定的货物售与境外的离岸价格，扣除出口关税后的价格。进出口货物的收、发货人或者他们的代理人，应当如实向海关申报进出口货物的成交价格。申报的成交价格明显低于或者高于相同或者类似货物的成交价格的，由海关确定完税价格。进出口货物征收进出口关税的计算公式如下：

进口税金额＝进口完税价格×进口税率

出口税金额＝出口完税价格×出口税率

进出口货物的收、发货人或者他们的代理人，应当在海关填发税款缴纳证的次日起7日内（星期日和法定假日除外）向指定银行缴纳税款。逾期缴纳的，除依法追缴外，由海关自到期的次日起至缴清税款日止，按日加收欠缴税款1‰的滞纳金。海关征收关税、滞纳金等除海关总署另有规定的以外，应当按人民币计征。进出口货物的到岸价格、离岸价格或者租金、修理费、料件费等以外币计价的，由海关按照填发税款缴纳证之日国家外汇管理部门公布的《人民币外汇牌价表》的买卖中间价，折合人民币计征关税。进出口货物完税后，如发现少征或者漏征税款，海关应当自缴纳税款或者货物放行之日起 1 年内，向收、发货人或者他们的代理人补征。因收、发货人或者他们的代理人违反规定而造成少征或漏征的，海关在 3 年内可以追征。

2. 其他税费。由海关征收的其他税费有：

（1）对本国企业，根据不同的货物品种，分别征收“产品税”、“增值税”、进口机动车辆的购置附加费、有关进口产品的消费税等。

（2）对“三资”企业，华侨、香港、澳门、台湾同胞投资企业，征收“工商统一税”。

（3）海关规费。海关根据所在地的港口、车站、国际航空站、国界孔道和国际邮局交换站进出境货物、旅客行李、邮件以及运输工具的实际情况，规定监管区域。在海关监管区域内执行任务不收规费。

（4）海关监管手续费。海关对从国外进口的，经海关核准予以减、免税或保税货物，按规定征收监管手续费。

第二节　报关的相关知识

一、报关的含义

报关（entry）是指按国家规定对货物、物品、运输工具等进出境要由其所有人或者其代理人向海关申报，并交验规定的单据，请求办理进出境通关手续，旨在核实该项货物、物品及运输工具是否依法进出关境。本书只讨论货物报关。

货物报关应由掌握提单或装货单的货物所有人——收、发货人或其代理人，按海关规定，填具货物报关单（或电子数据报关单）向海关申报。填报项目除运输单证中报列者外，还应根据商业单证填明货物的发票或合同价格、原产地、具体品名（或另附装箱单、重量单、尺码单）、税则号列和成交价格等，以便海关用作对货物进行查验、归类、估价、核收关税和进行统计的依据，对申办不实等违规行为，申报人应负担法律责任。

货物报关时，申报人除按“进口内销”报关外，还可选择“存入关栈”、“进口加工”、“暂准进口”、“出口加工”、“保税货物”等方式报关，其填报的项目和应办手续，以及海关监管办法也各不同。

二、报关人

向海关办理报关手续的人叫报关人。报关人包括报关单位和报关员。报关人必须办理注册登记手续。

报关人必须办理注册登记手续。根据《中华人民共和国海关对报关单位和报关员的管理规定》第三条规定："进出口货物，除另有规定外，由海关批准注册登记的报关企业或有权经营进出口业务的企业办理报关纳税手续。没有办理注册登记的企业进出口货物，需委托报关企业办理报关纳税手续。海关鼓励报关服务专业化、社会化。"

可向海关办理注册登记的单位有：（1）专门从事报关服务的企业；（2）经营对外贸易仓储运输、国际运输工具、国际运输工具服务及代理等业务、兼营报关服务业务的企业；（3）有进出口经营权的企业。第一类属专业代理报关企业；第二类属兼营代理报关企业；第三类属自理报关企业。

凡需要向海关办理报关手续的企业，都应向海关提出书面申请。向海关申请报关注册登记时，应向所在地海关提交"自理报关注册登记申请书"或"代理报关注册登记申请书"，经海关审核批准，由海关发给"自理报关单位注册登记证书"或"代理报关单位注册登记证书"，始可在所在关区各口岸海关办理报关手续。代理报关单位只能代理有权进出口货物的单位办理报关手续，并要向海关出具委托单位的《委托书》，委托单位的《委托书》上应当载明代理报关单位的名称、代理事项、代理权限和期限，并由委托单位盖章。代理报关单位可以在所在关区各口岸海关代理报关，不能在其他关区从事代理报关活动。自理报关单位只能办理本单位进出口的报关业务，不能代理其他单位报关。凡报关企业都应当按照海关的要求选用报关员，并对报关员的行为承担法律责任。报关员必须经培训合格并由培训单位发给《报关员培训结业证书》，经主管海关审查认可并发给《报关员证》，始可从事报关业务。

三、报关单和其他相关单证

一切进口货物的收货人、出口货物的发货人，或者他们委托的代理人（"报关人"），都必须在货物进出口时填写进出口货物报关单，向海关申报，同时提供批准货物进出口的证件和有关的货运、商业单据，以便海关依据这些单据、证件审查货物的进出口是否合法，确定关税的征、减、免事宜，并编制海关统计。一般进出口货物应向海关递交进口或出口货物报关单一式两份（转口输出的货物应填写三份"出口货物报关单"，根据特别规定需要由海关核销的货物，如来料加工、进料加工等进出口的货物，也要填写专用报关单一式三份）。

应随同报关单向海关递交的单证有以下几种：

（1）进出口货物许可证和国家规定的其他批准文件。

（2）提单、装货单或运单（海关核查单证和查验实物后，在货运单据上加盖放行章，发还给报关人凭以提取或装运货物）。

（3）发票一份。如是实行集中纳税的进口货物，除在口岸报关时递交一份外，还要由负责对外订购的承付货款的公司向办理集中纳税业务的北京海关递交一份。

（4）装箱单一份（散装货物或单一品种且包装内容一致的件装货物可免交）。

（5）减税、免税或免验的证明文件。

（6）对应施商品检验、文物鉴定或受其他管制的进出口货物，还应交验有关主管部门签发的证件（如商检证、卫生检验证、原产地证、品质证、配额证书等）。

（7）收汇核销单。

海关认为必要时，还可调阅贸易合同、产地证明和其他有关单证、账册等。出口货物在发运时，如果发票还未做出，报关时随附发票确有困难的，海关可以先接受申报。

四、进出口货物的报关（通关）过程

申请与接受货物、物品和运输工具办理进出境手续的整个过程，通常称为报关或通关。所有进出口货物都必须办理报关手续。国内市场上的出口货物，在通关地点未向海关申报前虽然可以自由流动，但最终必须办理通关手续。进口货物则相反，货物一旦进入关境，直到办理通关手续之前的整个期间，都处在海关监管之下。海关监管未税货品的主要做法是：规定凡载有进口货物的进境运输工具进入该国通商口岸后，必须经海关批准才能卸货。其货物除性质特殊的，如危险品、易腐品、活牲畜，以及大宗货物，可以先缴纳关税及国内税，或提交担保放行以外，必须卸入海关核准的海关监管仓库或集装箱集散站。进出口货物经向海关申报、查验、估价征税、放行等手续，才可凭海关关员签章放行的提货单或运单提货，或装货单装货。

报关的全过程是：申报—接受申报—查验—征税—放行—后续管理—结关。

1. 申报。

一切进出境货物、物品和运输工具，都必须由收、发货人（或其代理人）在进出境时持海关规定的单证向海关申报。

2. 接受申报。

海关接受申请，并审核递交的单据是否齐全、准确、有效、清楚。

3. 查验。

进出境货物、物品、运输工具，除经海关总署特准免验之外，由海关根据情况进行查验确定实际进出口与单证申报的是否相符，检查有无瞒报、伪报和申报不实等走私违规情况。

4. 征税。

进出境货物、物品、运输工具经海关查验以后，除海关特准免税的以外，进出口货物、物品必须缴纳税款或提供担保、委托银行代缴。

出口税的计算方式是，先确定商品的完税价格，然后按出口税税率算出应纳税额。其公式为：

完税价格 = 离岸价格/(1 + 出口税率)

出口税税额 = 完税价格 × 出口税税率

相似的，进口税的计算公式则为：

完税价格 = 离岸价格/(1 + 进口税率)

进口税税额 = 完税价格 × 进口税税率

5. 放行。

海关在放行前，要全面审核手续是否办完、办妥，然后分别情况做出不同处理。一切手续完备、情况正常，海关即在单证上签印放行。

6. 后续管理。

海关对各类货物包括保税货物、特定减免税货物、暂时进出境货物、转关运输货物等自放行之日起 3 年内进行后续管理，包括查账、稽查、核销、查处补税等。

7. 结关。

当进出境运输工具、货物、物品的所有海关手续（包括登记备案、审核报关单证、查验、征税、销案、结案等）全部履行后，方准办理结关手续，解除海关监管。

目前，我国已开始采用电子口岸管理方式，其是由海关总署牵头，外经贸部、公安部、信息产业部、工商行政管理总局、税务总局、人民银行、外汇管理局、出入境检验检疫局、交通部、铁道部、民航总局等 12 个部委联合开发的口岸执法系统。

第三节　报关单的填制

中华人民共和国海关进出口货物报关单按进口和出口分为《中华人民共和国海关进口货物报关单》和《中华人民共和国海关出口货物报关单》两种，每种报关单均有47个栏目，其中大部分为报关单位（人）填写。《中华人民共和国海关进出口货物报关单填制规范》统一规定了报关单各栏目的填写要求。

1. 预录入编号。

预录入编号指申报单位或预录入单位对该单位填制录入的报关单的编号。预录入报关单及EDI报关单的预录入编号按接受申报的海关决定编号规则由计算机自动打印。

2. 海关编号。

海关编号指海关接受申报时给予报关单的编号，一般为9位数码，由海关在接受申报环节确定，标识在报关单的每一联上。此栏报关单位不用填写。

3. 进口口岸/出口口岸。

进口口岸/出口口岸指货物实际进（出）口我国关境口岸海关的名称。本栏目应根据货物实际进（出）口的口岸海关选择填报《海关名称及代码表》中相应的口岸海关名称及代码。

4. 备案号。

备案号指进出口企业在海关办理加工贸易合同备案或征、减、免税审批备案等手续时，海关给予《进料加工登记手册》、《来料加工及中小型补偿贸易登记手册》、《外商投资企业履行产品出口合同进料件及加工出口成品登记手册》（以下均简称《登记手册》）、《进出口货物征免税证明》（以下简称《征免税证明》）或其他有关备案审批文件的编号。一份报关单只允许填报一个备案号。备案号长度为12位，其中第1位是标记代码。备案号的标记代码必须与“贸易方式”及“征免性质”栏目相协调，例如：贸易方式为来料加工，征免性质也应当是来料加工，备案号的标记代码应为“B”。

5. 进口日期/出口日期。

进口日期指运载所申报货物运输工具申报进境的日期。本栏目填报的日期必须与相应的运输工具进境日期一致。

出口日期指运载所申报货物的运输工具办结出境手续的日期。本栏目供海关打印报关单证明联用，预录入报关单及EDI报关单均免予填报。

6. 申报日期。

申报日期指海关接受进（出）口货物收、发货人或其代理人申请办理货物进（出）口手续的日期。

预录入及EDI报关单填报向海关申报的日期与实际情况不符时，由审单官员按实际日期修改批注。

7. 经管单位。

经管单位指对外签订并执行进出口贸易合同的中国境内企业或单位。本栏目应填报经营单位中文名称及经营单位编码。经营单位编码为10位数字，指进出口企业在所在地主管海关办理报关注册登记手续时，海关给企业设置的注册登记编码。

8. 运输方式。

运输方式指货物进出关境时所使用的运输工具的分类，包括江海、铁路、汽车、航空、邮递和其他运输等共10大类。

9. 运输工具名称。

运输工具名称指载运货物进出境的运输工具的名称或运输工具编号。本栏目填制内容应与运输部门向海关申报的载货清单所列相应内容一致，一份报关单只允许填报一个运输工具名称。具体填报要求如下：

（1）江海运输填报船名及航次，或载货清单编号（注：按受理申报海关要求填报）。

（2）汽车运输填报该跨境运输车辆的国内行驶车牌号码。

（3）铁路运输填报车次或车厢号，以及进出境日期。

（4）航空运输填报分运单号；无分运单的，本栏目为空。

（5）邮政运输填报邮政包裹单号。

10. 提运单号。

提运单号指进出口货物提单或运单的编号。本栏目填报的内容应与运输部门向海关申报的载货清单所列相应内容一致。一份报关单只允许填报一个提运单号。

11. 收货单位/发货单位。

收货单位指已知的进口货物在境内的最终消费、使用单位，包括：

（1）自行从境外进口货物的单位；

（2）委托有外贸进出口经营权的企业进口货物的单位。

发货单位指出口货物在境内的生产或销售单位，包括：

（1）自行出口货物的单位；

（2）委托有外贸进出口经营权的企业出口货物的单位。

12. 贸易方式。

贸易方式指以国际贸易中进出口货物的交易方式为基础，结合海关对进出口货物的征税、统计及监管条件综合设定的对进出口货物的管理方式。常见的贸易方式有一般贸易、来料加工、进料对口和进料非对口等。

本栏目应根据实际情况，并按海关规定的“贸易方式代码表”选择填报相应的贸易方式简称或代码。一份报关单只允许填报一种贸易方式。

13. 征免性质。

征免性质指海关对进出口货物实施征、减、免税管理的性质类别。本栏目应按海关核发的《征免税证明》中批注的征免性质填报，或根据实际情况按海关规定的“征免性质代码表”选择填报相应的征免性质的代码。

加工贸易报关单本栏目应按照海关核发的《登记手册》中批注的征免性质，填报相应的征免性质简称或代码，一份报关单只允许填报一种征免性质。

14. 征税比例/结汇方式。

征税比例仅用于“非对口合同进料加工”贸易方式下（代码“0715”）进口料、件的进口报关单，填报海关规定的实际应征税比率，例如：5% 填报 5，15% 填报 15。

出口报关单应填报结汇方式，即出口货物的发货人或其代理人收结外汇的方式。本栏目应按海关规定的“结汇方式代码表”选择填报相应结汇方式名称或代码。常用的结汇方式有：

（1）信汇（M/T）；（2）电汇（T/T）；（3）票汇（D/D）；（4）付款交单（D/P）；（5）兑交单（D/A）；（6）信用证（L/C）等。

15. 许可证号。

应申领进（出）口许可证的货物，必须在此栏目填报外经贸部及其授权发证机关签发的进（出）口货物许可证的编号，不得为空。一份报关单只允许填报一个许可证号。

16. 起运国（地区）/运抵国（地区）。

起运国（地区）指进口货物起始发出的国家（地区）；运抵国（地区）指出口货物直接运抵的国家（地区）。本栏目应按海关规定的《国别（地区）代码表》选择填报相应的起运国（地区）或运抵国（地区）中文名称或代码。

17. 装货港/指运港。

装货港指进口货物在运抵我国关境前的最后一个境外装运港；指运港指出口货物运往境外的最终目的港。本栏目应根据实际情况按海关规定的《港口航线代码表》选择填报相应的港口中文名称或代码。

18. 境内目的地/境内货源地。

境内目的地指已知的进口货物在国内的消费、使用地或最终运抵地；境内货源地指出口货物在国内的产地或原始发货地。本栏目应根据进口货物的收货单位、出口货物生产厂家或发货单位所属国内地区，并按海关规定的《国内地区代码表》选择填报相应的国内地区名称或代码。

19. 批准文号。

进口报关单本栏目暂时为空；出口报关单本栏目用于填报《出口收汇核销单》编号。

20. 成交方式。

本栏目应根据实际成交价格条款按海关规定的“成交方式代码表”，选择填报相应的成交方式代码。无实际进出境的，进口填报 CIF 价，出口填报 FOB 价。

21. 运费。

本栏目用于成交价格中不包含运费的进口货物或成交价格中含有运费的出口货物，应填报该份报关单所含全部货物的国际运输费用，可按运费单价、总价或运费率三种方式之一填报，同时注明运费标记，并按海关规定的“货币代码表”选择填报相应的币种代码。运保费合并计算的，运保费填报在本栏目。

运费标记：“1”表示运费率，“2”表示每吨货物的运费单价，“3”表示运费总价。例如：5% 的运费率填报为 5；24 美元的运费单价填报为 502/24/2；7 000美元的运费总价填报为 502/7 000/3（其中 502 为美元的货币代码）。

22. 保费。

本栏目用于成交价格中不包含保险费的进口货物或成交价格中含有保险费的出口货物，应填报该份报关单所含全部货物国际运输的保险费用，可按保险费总价或保险费率两种方式之一填报，同时注明保险费标记，并按海关规定的“货币代码表”选择填报相应的币种代码。运保费合并计算的，运保费填报在运费栏目中。

保险费标记：“1”表示保险费率，“3”表示保险费总价。例如：3‰的保险费率填报为 0. 3；10 000 港元保险费总价填报为 110/10 000/3（其中 110 为港元的货币代码）。

23. 杂费。

杂费指成交价格以外的，应计入完税价格或应从完税价格中扣除的费用，如手续费、佣金、回扣等，可按杂费总价或杂费率两种方式之一填报，同时注明杂费标记，并按海关规定的“货币代码表”选择填报相应的币种代码。

应计入完税价格的杂费填报为正值或正率，应从完税价格中扣除的杂费填报为负值或负率。杂费标记：“1”表示杂费率，“3”表示杂费总价。

杂费率：直接填报杂费率的数值。例如，应计入完税价格的 1. 5% 的杂费填报为 1. 5；应从完税价格中扣除 1% 的回扣率填报为 –1。

杂费总价：填报杂费币值代码/杂费总价的数值/杂费总价标记。例如：应计入完税价格的 500 英镑杂费总价填报为 303/500/3（其中 303 为英镑的货币代码）。

24. 合同协议号。

本栏目应填报进（出）口货物合同（协议）的全部字头和号码。

25. 件数。

本栏目应填报有外包装的进（出）口货物的实际件数，本栏目不得填报为零，裸装货物填报为 1。

26. 包装种类。

本栏目应填报进（出）口货物的实际外包装种类，如木箱、纸箱、铁桶、散装等。

27. 毛重（公斤）。

毛重指货物及其包装材料的重量之和。本栏目填报进（出）口货物实际毛重，计量单位为公斤；不足1公斤的填报为1。

28. 净重（公斤）。

净重指货物的毛重减去外包装材料后的重量，即商品本身的实际重量。本栏目填报进（出）口货物的实际重量，计量单位为公斤；不足1公斤的填报为1。

29. 集装箱号。

集装箱号指在每个集装箱箱体两侧标示的全球唯一的编号。本栏目用于填报和打印集装箱编号及数量。集装箱数量四舍五入填报整数，非集装箱货物填报为0。例如：TEXU3605231＊1（1）表示1个标准集装箱；TEXU3605231＊2（3）表示2个集装箱，折合为3个标准集装箱。

在多于一个集装箱的情况下，其余集装箱编号打印在备注栏或随附清单上。

30. 随附单据。

随附单据指随进（出）口货物报关单一并向海关递交的单证或文件。合同、发票、装箱单、许可证等必备的随附单证不在本栏目填报。本栏目应按海关规定的“监管证件名称代码表”选择填报相应证件的代码，并填报每种证件的编号（编号打印在备注栏下半部分）。

31. 用途/生产厂家。

进口货物填报用途应根据进口货物的实际用途按海关规定的“用途代码表”选择填报相应的用途代码；生产厂家指出口货物的境内生产企业。本栏目必要时手工填写。

32. 标记唛码及备注。

本栏目下部供打印随附单据栏中监管证件的编号，上部用于打印的内容主要有：

（1）标记唛码中除图形以外的文字、数字；

（2）一票货物多个集装箱的，在本栏目打印其余的集装箱号；

（3）一票货物多个提（运）单的，在本栏目打印其余的提（运）单号等。

33. 项号。

本栏目分两行填报及打印。第一行打印报关单中的商品排列序号，第二行专用于加工贸易等已备案的货物，填报和打印该项货物在《登记手册》中的项号。

加工贸易合同项下的进出口货物，必须填写与《登记手册》一致的商品项号，所填报项号用于核销对应项号下的料件或成品数量。

34. 商品编号。

商品编号指按海关规定的商品分类编码规则确定的进（出）口货物的商品编号。加工贸易《登记手册》中商品编号与实际商品编号不符的，应按实际商品编号填报。

35. 商品名称、规格型号。

本栏目分两行填报及打印。第一行打印进（出）口货物规范的中文商品名称，第二行打印规格型号，必要时可加注原文。

36. 数量及单位。

数量及单位指进（出）口商品的实际数量及计量单位。本栏目分三行填报及打印。

（1）进出口货物必须按海关法定计量单位填报。法定第一计量单位及数量打印在本栏目第一行。

（2）凡海关列明第二计量单位的，必须报明该商品第二计量单位及数量，打印在本栏目第二行。无第二计量单位的，本栏目第二行为空。

（3）成交计量单位与海关法定计量单位不一致时，还需填报成交计量单位及数量，打印在商品名称、规格型号栏下方（第三行）；成交计量单位与海关法定计量单位一致时，本栏目第三行为空。

加工贸易等已备案的货物，成交计量单位必须与备案登记中同项号下货物的计量单位一致；不相同时，必须修改备案或转换一致后填报。

37. 原产国（地区）/最终目的国（地区）。

原产国（地区）指进口货物的生产、开采或加工制造国家（地区）；最终目的国（地区）指已知的出口货物的最终实际消费、使用或进一步加工制造国家（地区）。本栏目应按海关规定的《国别（地区）代码表》选择填报相应的国家（地区）名称或代码。

38. 单价。

本栏目应填报同一项号下进（出）口货物实际成交的商品单位价格。

39. 总价。

本栏目应填报同一项号下进（出）口货物实际成交的商品总价。

40. 币制。

币制指进（出）口货物实际成交价格的币种。本栏目应根据实际成交情况按海关规定的“货币代码表”选择填报相应的货币名称或代码。

41. 征免。

征免指海关对进（出）口货物进行征税、减税、免税或特案处理的实际操作方式。本栏目应按照海关核发的《征免税证明》或有关政策规定，对报关单所列每项商品选择填报海关规定的“征减免税方式代码表”中相应的征减免税方式。

42. 税费征收情况。

本栏目供海关批注进（出）口货物税费征收及减免情况。

43. 录入员。

本栏目用于预录入和 EDI 报关单，打印录入人员的姓名。

44. 录入单位。

本栏目用于预录入和 EDI 报关单，打印录入单位名称。

45. 申报单位。

本栏目指报关单位左下方用于填报申报单位有关情况的总栏目。申报单位指对申报内容的真实性直接向海关负责的企业或单位。自理报关的，应填报进（出）口货物的经营单位名称及代码；委托代理报关的，应填报经海关批准的专业或代理报关企业名称及代码。一般应加盖申报单位的有效公章。

46. 填制日期。

填制日期指报关单的填制日期，由预录入和 EDI 报关单位用计算机自动打印。

47. 海关审单批注栏。

本栏目指供海关内部作业时签注的总栏目，由海关关员手工填写在预录入报关单上。其中“放行”栏填写海关对接受申报的进出口货物做出放行决定的日期。

第四节　仿真模拟出口报关

一、实验流程

1. 实验参与方。

出口商；海关。

2. 实验单据。

自理报关注册登记申请书（见附表 4－23）、代理报关委托书（见附表 4－24）、出口货物报关单、出口许可证（见附表 4－25）。

3. 实验步骤。

（1）前期工作。前往海关办理自理报关注册登记手续，取得报关资格；到外汇管理局领取并填写出口收汇核销单。

（2）收单、审单。

出口商职责：出口货物报关单（若有出口退税的，应填一式两份）、海运提单、装箱单、发票（一份）、出口合同、出口收汇核销单、出口许可证等。

海关职责：对报关单进行编号登记，并批注接受申报日期；查阅报关单证是否齐全、正确、有效；审核报关单内容，核对报关单与出口收汇核销单的内容和编号是否一致。

(3) 估价征税（若该商品需征出口税）。

出口商职责：随时答复或提供海关分类估价人员所提出的问题或所需的文件；凭海关开出的银行缴款书到银行缴纳税款。

海关职责：审核商品价格是否正常；核算到岸价格，依税率计征；开出海关专用缴款书。

(4) 查验货物。

出口商职责：派员到场会同验货关员查验货物；查验时负责搬移、开箱、验毕封号；应验货员要求随时提供必要的单证。

海关职责：海关凭报关人递交的银行缴款书的回执去验货；验货（一般查验或重点查验）；填写一份验货记录。

(5) 签章放行。

出口商职责：领取放行提单、发票正本及其他应发还的单证；装船起运出境。

海关职责：审核关税是否交讫；在报关单和提单上加盖放行章，在出口收汇核销单上盖“验讫章”，在出口退税专用报关单上加盖“验讫章”，退还报关单位。

出口企业除了自己办理报关外，还可以委托物流公司代理报关，这需与该代理公司签订代理报关委托书，支付一定的报关费用，由代理公司全权处理出口报关事宜。

二、实验成果与评价

实验成果：出口商到银行缴纳税款并提交银行交款书回执，到税务局办理出口退税，获得加盖放行章的报关单和提单。

实验成果评价：征税货物需在1日内开出税单，并于缴纳税款2小时内办结通关手续。

第五节 仿真模拟进口报关

一、实验流程

1. 实验参与方。

进口商；海关。

2. 实验单据。

自理报关注册登记申请书、代理报关委托书、进口货物报关单．进口许可证（见附表4－26）、银行缴款书（见附表4－27）。

3. 实验步骤。

（1）前期工作。

前往海关办理自理报关注册登记手续，取得报关资格。

（2）收单、审单。

进口商职责：填进口货物报关单一式两份；集合进口报关单、提单、装箱单、发票（一份）、进口许可证、进口合同等单证向海关报关。

海关职责：对报关单进行编号登记，并批注接受申报日期；查阅报关单证是否齐全、正确、有效；审核报关单内容。

（3）估价征税。

进口商职责：随时答复或提供海关分类估价人员所提出的问题或所需的文件；凭海关开出的银行缴款书到银行缴纳税款。

海关职责：审核商品价格是否正常；核算到岸价格，依税率计征；开出银行缴款书。

（4）查验货物。

进口商职责：派员到场会同验货关员查验货物；查验时负责搬移、开箱、验毕封号；应验货员要求随时提供必要的单证。

海关职责：海关凭报关人递交的银行缴款书的回执去验货；验货（一般查验或重点查验）；填写一份验货记录。

（5）签章放行。

进口商职责：领取放行提单、发票正本及其他应发还的单证；到海关监管仓库或场所提货。

海关职责：审核关税是否交讫；经办人在报关单及提单加盖放行章。

进口企业除了自己办理报关外，还可以委托物流公司代理报关，这需与该代理公司签订代理报关委托书，支付一定的报关费用，由代理公司全权处理进口报关事宜。

二、实验成果与评价

实验成果：进口商递交银行缴款书，获得加盖放行章的报关单。

实验成果评价：征税货物需在1日内开出税单，并于缴纳税款2小时内办结通关手续。

第六节　案例分析与理论思考

一、案例分析

（一）进口货物报关单的填写

本货物于2003年4月10日进口，于2003年4月16日由广州粮油食品进出口公司在广州新风海关（关区代码5101）自理报关，收货单位为广州番禺炼油厂（广州番禺）。以下为入境货物通关单（A：××××××××××，手册号：C510181000663）。

中华人民共和国海关进口货物报关单

预录入编号：　　　　　　　　　　　　　　　　海关编号：

进口口岸 广州新风海关5101	备案号 C510181000663	进口日期 2003.04.10	申报日期 2003.04.16
经营单位 广州粮油食品进出口公司4423910101	运输方式 江海运输	运输工具名称 COTA WIJAYA/096	提运单号 TPWJ－0333
发货单位	贸易方式 进料对口	征免性质 进料加工	征税比例
许可证号	运抵国（地区） 马来西亚	装货港 槟城	境内目的地 广州番禺

批准文号	成交方式 CNF	运费	保费 0.2	杂费
合同协议号 AS806001B	件数 288	包装种类 桶	毛重（公斤） 80 352	净重（公斤） 79 200

集装箱号 ISBU4409424/40/4000	随附单据 A：××××××××	用途 加工返销

标记唛码及备注　ISTU7197509/40/4000，JAXU485481/40/4000
AS806001B
D/NO.1－288
GUANGZHOU CHINA

项号	商品编号	商品名称、规格型号	数量及单位	原产地（地区）	单价	总价	币制	征免
01	15119019	棕榈油、79 LIQUED OIL	2 000千克	马来西亚	0.98	77 616.00	USD	全免
04								

续表

税费征收情况		
录入员　录入单位	兹声明以上申报无讹并承担法律责任	海关审单批注及放行日期（签章）
报关员		审单　审价
单位地址：	申报单位（签章）广州粮油食品进出公司报关专用章	征税　统计
		查验　放行
邮编：　电话：	填制日期：	

（二）出口许可证的填写

中华人民共和国出口许可证

EXPORT LICENCE OF THE PEOPLE'S REPUBLIC OF CHINA　No. 0592202

1. 出口商：Exporter　5102622019718 重庆力×××（集团）进出口有限公司	3. 出口许可证号：Exporter licence No. 02－30－302243
2. 发货人：Consigner　5102622019718 重庆××××（集团）进出口有限公司	4. 出口许可证有效截止日期：Export licence expiry date 2003 年 02 月 28 日
5. 贸易方式：Forms of trade 一般贸易	8. 进口国（地区）：Country/Region of purchase 印度尼西亚
6. 合同号：Contract No. LF02－904	9. 付款方式：PAYMENT 汇付
7. 报关口岸：Place of clearance 上海海关	10. 运输方式：Mode of transport 海上运输
11. 商品名称：Description of goods 50cc＜排气量≤250cc 往复式活塞引擎	商品编码：Code of goods 84073200

续表

12. 规格、等级 Specification	13. 单位 Unit	14. 数量 Quantity	15. 单价（USD） Unit Price	16. 总值（USD） Amount	17. 总值折美元 Amount in USD
110CC	台	*100.0	*131.500 0	*13 150	$13 150
18. 总计 Total	台	*100.0		*13 150	$13 150

19. 备注 Supplementary details	20. 发证机关签章 Issuing authority's stamp & signature 21. 发证日期 Licence date 2002 年 10 月 08 日

二、理论思考

1. 进出口报关各需要准备哪些单据？
2. 进出口报关单证中，哪些内容必须保持一致？
3. 如何填制进出口报关单？
4. 如何填制进出口许可证？
5. 海关征税的公式是什么样的？

第十一章 出口退税

第一节 出口退税概述

一、出口退税的含义

出口退税是国家为了降低出口产品成本，增强出口竞争力，鼓励出口而制定的一项政策措施。目前，我国出口退税制度的内容主要有以下几方面：

享有出口退税权的企业是指经有关部门批准的、有进出口经营权的企业，主要是外贸公司和有进出口权的生产企业，包括外商投资企业，另外还有出口量较小的一些特殊企业，如外轮供应公司、免税品公司等。目前，这类企业约为10万户。今后，随着出口经营权的放开，办理出口退税的企业户数将逐渐增加。

享受退税的出口货物除免税货物、禁止出口货物和明文规定不予退税货物外，其他货物都可享受退税政策。退税的税种为增值税和消费税。从2004年起，增值税的退税率共有5档，分别是17%、13%、11%、8%和5%，平均退税率为12%左右。消费税的退税率按法定的征税率执行。

出口退税主要实行两种办法：一是对外贸企业出口货物实行免税和退税的办法，即对出口货物销售环节免征增值税，对出口货物在出口前各个生产流通环节已缴纳增值税予以退税；二是对生产企业自营或委托出口的货物实行免、抵、退税办法，对出口货物本道环节免征增值税，对出口货物所采购的原材料、包装物等所含的增值税允许抵减其内销货物的应缴税款，对未抵减完的部分再予以退税。

出口货物退（免）税的税款是出口货物在国内生产、流通各个环节已缴纳的增值税和应缴纳的消费税。

二、出口退税的条件

1. 企业条件。

（1）必须经营出口产品业务。这是企业申办出口退税登记最基本的条件。

（2）必须持有工商行政管理部门核发的营业执照。营业执照是企业得以从事合法经营，其经营行为受国家法律保护的证明。

（3）必须是实行独立经济核算的企业单位，具有法人地位，有完整的会计工作体系，独立编制财务收支计划和资金平衡表，并在银行开设独立账户，可以对外办理购销业务和货款结算。

凡不同时具备上述条件的企业单位，一般不予以办理出口企业退税登记。

2. 出口退税的4个时限。

出口企业在办理出口退税时要特别注意申报程序，注意时间观念，以免造成损失。出口企业在办理出口退税时，应注意四个时限规定：

一是"30天"。外贸企业购进出口货物后，应及时向供货企业索取增值税专用发票或普通发票，属于防伪税税控增值税发票，必须在开票之日起30天内办理认证手续。

二是"90天"。外贸企业必须在货物报关出口之日起90天内办理出口退税申报手续，生产企业必须在货物报关出口之日起3个月后免抵退税申报期内办理免抵税申报手续。

三是"180天"。出口企业必须在货物报关出口之日起180天内，向所在地主管退税部门提供出口收汇核销单（远期收汇除外）。

四是"3个月"。出口企业出口货物纸质退税凭证丢失或内容填写有误，按有关规定可以补办或更改的，出口企业可在申报期限内向退税部门提出延期办理出口货物退（免）税申报的申请，经批准后，可延期3个月申报。

三、出口退税的一般程序及附送资料

1. 出口退税登记的一般程序。

（1）有关证件的送验及登记表的领取。企业在取得有关部门批准其经营出口产品业务的文件和工商行政管理部门核发的工商登记证明后，应于30日内办理出口企业退税登记。

（2）退税登记的申报和受理。企业领到"出口企业退税登记表"后，即按登记表及有关要求填写，加盖企业公章和有关人员印章后，连同出口产品经营权批准文件、工商登记证明等证明资料一起报送税务机关；税务机关经审核无误后，即受理登记。

（3）填发出口退税登记证。税务机关接到企业的正式申请，经审核无误并按规定的程序批准后，核发给企业"出口退税登记"。

（4）税务机关接到上级税务机关批准的退税通知后，签发税收收入退回书，企业凭此做财务处理。

（5）出口退税登记的变更或注销。当企业经营状况发生变化或某些退税政策发生变动时，应根据实际需要变更或注销退税登记。

2. 出口退税附送材料。

(1) 报关单。报关单是货物进口或出口时进出口企业向海关办理申报手续，以便海关凭此查验和验放而填制的单据。

(2) 出口销售发票。这是出口企业根据与出口购货方签订的销售合同填开的单证，是外商购货的主要凭证，也是出口企业财会部门凭此记账做出口产品销售收入的依据。

(3) 进货发票。提供进货发票主要是为了确定出口产品的供货单位、产品名称、计量单位、数量，是否是生产企业的销售价格，以便划分和计算确定其进货费用等。

(4) 结汇水单或收汇通知书。

(5) 属于生产企业直接出口或委托出口自制产品，凡以到岸价 CIF 结算的，还应附送出口货物运单和出口保险单。

(6) 有进料加工复出口产品业务的企业，还应向税务机关报送进口料件的合同编号、日期，进口料件的名称、数量，复出口产品名称，进料成本金额和实纳各种税金额等。

(7) 产品征税证明。

(8) 出口收汇已核销证明。

(9) 与出口退税有关的其他材料。

四、出口退税的范围和企业

1. 出口退税的产品范围。

出口产品一般应具备以下三个条件的情况下才予以退税：必须是属于产品税、增值税和特别消费税范围的产品；必须报关离境，这是区分产品是否属于应退税出口产品的主要标准之一，以加盖海关验讫章的出口报关单和出口销售发票为准；必须在财务上做出口销售。

2. 哪些企业可以出口退税。

具有外贸出口经营权并承担国家出口创汇任务的企业，经过经贸主管部门批准，享有独立对外出口经营权的中央和地方外贸企业、工贸公司和部分工业生产企业。

已补办或更改的，出口企业可在申报期限内向退税部门提出延期办理退（免）税申报的申请，经批准后，可延期3个月申报。

五、出口退税的计算方式

目前，外商投资企业出口货物退税办法包括“先征后退”和“免、抵、退”税。“先征后退”是指生产企业自营出口或委托代理出口的货物，一律先按照

《增值税暂行条例》规定的征税率征税，然后由主管出口退税业务的税务机关在国家出口退税计划内，按规定的退税率审批退税。

一般贸易商品的纳税计算公式如下：

当期应纳税额＝当期内销货物的销项税额＋当期出口货物离岸价（FOB）×外汇人民币牌价×征税率减当期全部进项税额

当期应退税额＝出口货物离岸价格×外汇人民币牌价×退税税率

以上计算公式的有关说明：

当期进项税额包括当期全部国内购料、水电费、允许抵扣的运输费、当期海关代征增值税等税法规定可以抵扣的进项税额。

外汇人民币牌价应按财务制度规定的两种办法确定，即国家公布的当日牌价或月初、月末牌价的平均价。计算方法一旦确定，企业在一个纳税年度内不得更改。

企业实际销售收入与出口货物报送单、外汇核销单上记载的金额不一致时，税务机关按金额大的征税，按出口货物报关单上记载的金额退税。

应纳税额小于零的，结转下期抵减应交税额。

第二节　仿真模拟出口退税

一、实验流程

1. 实验参与方。

出口商；税务局。

2. 实验单据。

出口退税申请书（见附表4－28）、出口退税登记证（见附表4－29）。

3. 实验步骤。

（1）申请。出口企业填写出口退税申请书，税务机关接到企业的正式申请经审核无误后，即受理登记。

（2）单据准备。出口企业办理出口退税应收集以下单据，将资料报送税务机关：

- 购进出口货物的增值税专用发票（税款抵扣款）或普通发票；
- 出口商业发票；
- 结汇水单或银行收账通知单；
- 已办完核销手续的出口收汇核销单；
- 盖有海关验讫章的出口货物报关单。

（3）审核和批复。税务机构审核相关单据，符合条件和要求的，核发给企业出口退税登记证，计算税收退回数额：

当期应退税额=出口货物离岸价格×外汇人民币牌价×退税税率

签发税收收入退回书，企业凭此做财务处理；由税务机关在出口退税报关单上盖“已退税”章。

二、实验成果与评价

实验成果：出口商取得出口退税登记证，根据税收收入退回书做财务处理。

实验评价：要先进行核销，才能办理出口退税；出口退税一定要在出口日后30天内完成，过期则无效。

第三节 案例分析与理论思考

一、案例分析

例：某鞋厂2000年3月出口鞋30 000打，其中：（1）28 000打以FOB价成交，每打200美元，人民币外汇牌价为1∶8.283 6元；（2）2 000打以CIF价格成交，每打240美元，并每打支付运费20元、保险费10元、佣金2元，人民币外汇牌价为1∶8.283 6元。当期实现内销鞋19 400打，销售收入34 920 000元，销项税额为5 936 400元，当月可予抵扣的进项税额为10 800 000元，鞋的退税率为13%。用“先征后退”方法计算应交税额和应退税额。

计算出口自产货物销售收入：

出口自产货物销售收入=离岸价格×外汇人民币牌价+(到岸价格-运输费-保险费-佣金)×外汇人民币牌价

=28 000×200×8.283 6+2 000×(240-20-10-2)×8.283 6=49 834 137.60（元）

当期应纳税额=当期内销货物的销项税额+当期出口货物离岸价格×外汇人民币牌价×征税率-当期全部进项税额

=5 936 400+49 834 137.60×17%-10 800 000=3 608 203.39（元）

当期应退税额=当期出口货物离岸价格×外汇人民币牌价×退税税率

=49 834 137.60×13%=6 478 437.89（元）

二、理论思考

1. 如何计算出口退税额？使用不同的货物出运方式对出口退税有什么影响？
2. 出口退税的前期工作包括哪些？

第十二章　仿真实习环境下的索赔、仲裁和不可抗力

第一节　索赔与理赔

一、索赔和理赔的含义

索赔（claim）是指在进出口交易中，因一方违反合同规定，直接或间接地给另一方造成损失，受损方向违约方提出赔偿要求，以弥补其所受损失。一方对另一方提出的索赔进行处理，则是理赔（claim settlement）。

一笔交易，从卖方交货到买方付款接受货物的整个交易过程中，有两种可能存在：一种是完全顺利圆满完成；另一种是出现这样那样的问题。这就是说，买方或卖方没有做到合同中所规定的某项条款，没有完全尽到应尽的义务和责任，以致出现事故，造成损失，引起争议（disputes）。在国际货物买卖业务中，产生争议、纠纷的原因很多。如：（1）合同是否成立，双方国家法律和国际贸易惯例解释不一致；（2）合同条款规定得不够明确，双方对条款的解释不同，习惯上又无统一的解释；（3）在履约中产生了双方不能控制的因素，致使合同无法履行或无法按时履行，而双方对是否可以解除合同或延期履行合同看法不一致；（4）买方不按时开出信用证，不按时付款赎单，无理拒收货物或在买方负责运输的情况下，不按时派船或签订运输合同、指定交货地点等；（5）卖方不按时交货，或不按合同规定的品质、数量、包装交货，不提供合同和信用证规定的合适单证等。这些都可引起双方争议。

在国际贸易中，任何一方违反合同规定的条款，不履行合同或不按合同规定执行，一般来说，就构成违约行为，违约的一方就要承担损害赔偿的责任，对方有权提出赔偿的要求，直至解除合同。国际贸易中的索赔，包括三个方面：一是交易双方之间的索赔；二是向承运人索赔；三是向保险人索赔。这里介绍的只是交易双方之间的索赔。向承运人和保险人的索赔已在装运条件和保险条件中讲述。

二、索赔的内容和责任范围

（一）索赔的内容

索赔条件的主要内容包括以下几个方面。

1. 合同的规定是索赔的依据。这包括以下四点：

（1）交易达成后签订的合同是约束双方的法律性文件，合同规定的各项条款双方都不得违反，必须严格遵守和执行。

（2）合同明确规定，一方如违反合同，另一方有权提出索赔。

（3）合同明确规定索赔必须具备的证件，并明确出证机构。

（4）在规定索赔依据时，要与商检条款规定的内容相衔接。

2. 索赔的期限。

在合同中要明确规定，发货或收货后多少天内提出异议索赔。具体索赔期限的规定是：一般货物为货到目的地后 30 天或 45 天；机器设备一般为货到目的地后 60 天或 60 天以上，通常不超过 6 个月，但对有质量保证期限的机器设备的索赔期，可长达一年或一年以上。索赔期的规定一般不宜过长，也不宜过短。

3. 关于损害赔偿的金额。

一般只做笼统规定，因为签约时难以预料是否会违约或发生违约造成的损害程度。

4. 关于罚金条款。

罚金条款是指在合同中规定卖方未能按期交货时，其应向对方支付一定数额的约定罚金（Penalty），以弥补对方的损失。一般规定是延期交货的罚金以 7 天为标准计算，每过期 7 天（不足 7 天按 7 天计）罚货价的 5‰，最多罚 10 周，即罚货款的 5%；延期超过 10 周者，对方除收取罚金外，还可解除合同和向对方提出索赔。

（二）索赔责任的范围

索赔应负责的对象主要有买方、卖方、船公司（或承运人）和保险公司。它们的责任各不相同：

（1）属于卖方责任的：货物品质规格不符；原装货物数量短少；包装不善致使货物受损；延期交货；其他不符合合同条款规定的行为致使买方受损。

（2）属于买方责任的：付款不及时；订舱或配船不及时或延迟交货；买方不符合合同条款规定的其他行为致使卖方受到损失。

（3）属于船公司责任的：数量少于提单载明的数量；收款人持有清洁提单而货物发生残损短缺。

（4）属于保险公司责任的：在承保范围内的货物损失；轮船公司不予赔偿

的损失或赔偿额不足以补偿货物的损失而又属承办范围内的。海事造成的货物损失，一般均由保险公司赔付，船方不承担责任。

以上是各个索赔对象应负的单独责任。如果损失的发生牵涉到几个责任方，则应根据各方承担责任情况进行分摊。

三、索赔与理赔应注意的问题

1. 我方索赔。

在国际贸易中，我方向对方索赔时，应注意以下问题：

（1）应根据公平合理、实事求是的原则，查明是否对方确实违约，使我方遭受损关。如确属对方责任，则可向对方提出索赔；如是轮船公司或保险人的责任，则应向轮船公司或保险人索赔。提出索赔时要认真做好索赔方案。

（2）必须在合同规定的期限内提出索赔。合同未规定索赔期限的，则应按有关法律规定的期限办理。如我国《涉外经济合同法》第 39 条规定："货物买卖合同争议提起诉讼或者仲裁的期限为 4 年。"

（3）必须正确确定索赔项目和金额。提出的索赔金额一定要有根据，如合同预先规定有约定的损害赔偿的金额，应按约定的金额提出索赔；如未约定损害赔偿的金额，则应根据实际损失情况，确定适当的金额。

（4）必须备齐索赔所需单证。索赔证件不齐，对方可以拒赔。索赔证件一般包括：提单、发票、保险单、装箱单、磅码单、商检机构出具的货损检验证书或由船长签署的短缺残损证明，以及索赔清单，并列明索赔的根据和索赔金额。

2. 对方索赔。

在对方向我索赔时，我方理赔应注意以下问题：

（1）要认真研究分析对方所提索赔理由是否充足，情况是否属实，是否确因我方违约而使对方遭受损失，是否符合合同规定或法律规定。如属逾期才提出的索赔，我方可以不予受理。

（2）仔细审核对方所提出的索赔证件和有关文件，如出证机构是否符合要求，检验标准和检验方法是否符合双方规定，单证是否齐全、清楚，有无夸大损失，等等。

（3）合理确定赔付办法。如确属我方责任，应公平合理、实事求是地研究提出理赔方案，与对方协商确定。赔付办法可以采取赔付部分货物、退货、换货、补货、修整、赔付一定金额、对索赔货物给予价格折扣或按残损货物百分比对全部货物降价等办法处理。

第二节　不可抗力和仲裁

一、不可抗力

（一）不可抗力的含义

不可抗力是指在合同签订以后，不是由于任何一方当事人的过失、故意或疏忽，而是由于当事人所不能预见、预防所发生的事件，致使合同不能履行或不能完全履行。出现不可抗力后有关当事人可根据合同或法律的规定，免除不履约或延期履约的责任。

（二）不可抗力条件的内容

在不可抗力条件中，一般应包括：不可抗力事故的范围、不可抗力事故的法律后果、出具事故证明的机构和事故发生后通知对方的期限。

1. 不可抗力事故的范围。

不可抗力事故包括自然现象中的地震、水灾、火灾、飓风、暴风雪和社会现象中的战争、动乱、罢工、政府禁令等。

2. 不可抗力的法律后果。

我国《涉外经济合同法》第 24 条规定："当事人因不可抗力事件不能履行合同的全部或者部分义务的，免除其全部或者部分责任。当事人一方因不可抗力事件不能按合同规定的期限履行的，在事件的后果影响持续的期限内，免除其延迟履行的责任。"因此，凡属不可抗力事故而使合同的履行成为不可能，通常可解除合同；但若只是暂时阻碍合同的履行，则可推迟合同的履行。

3. 出具事故证明的机构。

在国外，一般是由事故发生地的商会、注册的公证人出具这种证明；在我国，则一般由中国国际贸易促进委员会负责。

4. 不可抗力通知的期限和方式。

我国《涉及经济合同法》第 25 条规定："当事人一方因不可抗力事件不能履行合同的全部或者部分义务的，应及时通知另一方，以减轻可能给另一方造成的损失，并应在合理期间内提供有关机构出具的证明。"在合同中应按这一规定订明通知的期限和方式，以明确责任。

（三）注意事项

援引不可抗力条款时要把握两个重要问题。

1. 及时通知。

目前，国际贸易中的习惯做法是，一方当事人如发生不可抗力致使合同无法履行，应该以最快速度通知另一方（一般15天左右）。为避免争议，通知时限、方式和内容最好在合同中明确规定。

2. 提供证明。

作为国际惯例，一方必须在合理时间内向另一方当事人提交相关机构出具的证明文件，作为发生不可抗力事件的依据和引用不可抗力条款的依据。为了保证证明文件的公正与客观，在我国，一般由中国国际贸易促进委员会或其分会出证。同样，该项最好在合同中进行订立。

二、仲裁

（一）对外贸易仲裁的含义

仲裁（arbitration）又称公断，它是指贸易双方在执行合同时发生争议，按协议将有关争议提交仲裁机构裁决。由于国际贸易的当事人是分别处于不同国家的商人，也有人把这种仲裁称为国际仲裁。

诉讼（action）是发生争议案件时，有关当事人依法通过法院进行审理。诉讼也是解决对外贸易争议的一种方式，它虽然没有仲裁那样被普遍采用，但也是常见的一种方式。诉讼是单方的，是通过法律程序带强制性的，只要将争议按法律程序向法院起诉，在法院受理的情况下，被诉方就必须应诉。

（二）仲裁条件的内容

仲裁条件主要包括仲裁地点、仲裁机构、仲裁程序和仲裁裁决的效力等内容。

1. 仲裁地点。

它是仲裁条件的一个关键问题，因为在什么地点仲裁就适用哪个国家的仲裁规则或有关法律。国际上对仲裁地点的选择与安排一般有以下几种情况：在买方所在国，在卖方所在国，在第三国，在被告所在国，在原告所在国，在货物所在地等进行仲裁。

目前，我国的进出口业务有如下规定：规定在我国由中国国际贸易促进委员会对外经济贸易仲裁委员仲裁，规定在被告所在国家进行仲裁，在双方同意的第三国仲裁。

2. 仲裁机构。

目前，国际上进行仲裁的机构有三种：一种是常设仲裁机构，如国际商会仲裁院、美国仲裁协会、中国国际贸易促进委员会内的对外经济贸易仲裁委员会等；另一种是临时仲裁机构；还有一种是附设在特定行业内的专业性仲裁机构，如伦敦谷物商业协会。

3. 仲裁程序。

仲裁程序包括仲裁的申请、仲裁员的指定、仲裁案件的审理、仲裁裁决的执行和仲裁费用的支付等。

4. 仲裁判决的效力。

仲裁裁决是终局的，对双方当事人均有约束力，任何一方当事人不得向法院起诉，也不得向其他任何机构提出变更仲裁的请求。如败诉方不执行裁决，胜诉方有权向法院起诉，请求法院强制执行。

5. 仲裁费用的负担。

仲裁费用由谁负担，应在仲裁条款中订明。通常多规定由败诉方承担，也有的规定由仲裁庭酌情决定。

6. 进出口合同中的仲裁条款。

（1）规定在我国仲裁的条款："凡因执行本合同所发生的或与本合同有关的一切争议，双方应通过友好协商解决；如果协商不能解决，应提交北京中国国际经济贸易仲裁委员会，根据该会的仲裁程序暂行规则进行仲裁。仲裁裁决是终局的，对双方都有约束力。"

（2）规定在被诉方所在国仲裁的条款："凡因执行本合同所发生的或与本合同有关的一切争议，双方应通过友好协商解决；如果协商不能解决，应提交仲裁。仲裁在被诉人所在国进行，如在中国，由中国国际经济贸易仲裁委员会进行仲裁。如在某国，由某仲裁机构根据该机构的仲裁程序规则进行仲裁。仲裁裁决是终局的，对双方都有约束力。"

（3）规定在第三国仲裁的条款："凡因执行本合同所发生的或与本合同有关的一切争议，双方应通过友好协商解决；如果协商不能解决，应提交某国某仲裁机构根据该仲裁机构的仲裁程序规则进行仲裁。仲裁裁决是终局的，对双方都有约束力。"

第三节　仿真模拟违约索赔

一、实验流程

1. 实验参与方。

出口方；进口方；保险公司；船公司（承运人）。

2. 实验一：向出口方提出索赔。

对属于质量、规格责任问题，保险公司不负赔偿责任，应由进口方请国家商检机构出具公证检验书，向出口方提出索赔，步骤如下：

（1）进口方提出索赔声明。进口方发现货物问题后在合同索赔期内通知对方，发出索赔函，告知索赔原因。索赔原因可包括：商品名称不符；商品不符；品质不符；规格不符；数量不符；包装不良；唛头不清；交货延迟；其他。

（2）进口方准备相关证明文件。

- 进口合同；
- 发票；
- 装箱单；
- 检验报告。

（3）双方协商赔偿。

进出口双方就索赔内容进行协商，解决方案包括：赔偿损失；补运；调换；修理；减价或折让；拒收货物请求退还货款并赔偿损失。具体赔偿金额和方式根据合同来进行协商。

若双方无法通过协商和解，则可求助于第三方进行调解；若调解无效，可以提出使用仲裁，或者一方提出诉讼。

3. 实验二：向船公司（承运人）提出索赔。

对属于承运过程中出现的损失，向船公司提出索赔，步骤如下：

（1）进口方提出索赔声明。买方发现货物损坏，应立即发出索赔通知。索赔原因包括：遗失；搬运不当；堆积不当；偷窃；海水侵害；船无适航能力；雨中强行装卸；到货迟延。

（2）进口方准备相关证明文件：

- 保险单或保险凭证正本；
- 运输契约；
- 发票；
- 装箱单；
- 海事报告；
- 货损货差证明；
- 修理费用。

（3）双方协商赔偿。进出口双方就索赔内容进行协商，由船公司进行赔偿。

4. 实验三：向保险公司提出索赔。经确定属于保险责任范围的损失，或是涉及国外出口商、承运人、港务局、铁路或其他第三者所造成的货损事故责任，只要由进口商办妥向上述责任方的追偿手续，保险公司即予赔款，步骤如下

（1）进口方提出索赔请求。当进口货物运抵进口国港口、机场或内地后发现有残损短缺时，通知当地保险公司会同当地国家商检部门联合进行检验。经确定损失属于保险责任范围后，由当地保险公司出具《进口货物残短检验

报告》。

（2）进口商提交单证。部分损失时的索赔文件：

- 索赔函；
- 索赔清单；
- 保险单或保险证书正本；
- 提单正本或副本；
- 装运人开具的发票；
- 包装清单；
- 重量证明书；
- 轮船公司签认的事故证明书或破损证明书；
- 轮船公司所发的短卸证明书；
- 破损货物剩余价值估价单；
- 海难报告。

全损情况下的索赔文件：

- 索赔函；
- 保险单；
- 提单；
- 发票；
- 证明全损的文件。

（3）保险公司赔款。保险公司审定责任，给付赔款。如果是单独海损，保险赔款的计算公式为：

保险赔款 = 保险金额 × 损害率

如果是实际全损时，保险公司将赔付保险金额的全部。

二、实验成果与评价

实验成果：发出索赔函，准备索赔相关证明材料，解决索赔问题。

实验评价：进出口双方按照合同和协商情况解决索赔问题；轮船公司按照规定进行赔偿；保险公司按照规定进行理赔。

注意，进口商须办妥向出口商、承运人等责任方的追偿手续后，才能向保险公司索赔，否则可依据实际情况直接向责任人索赔。索赔时须提供检验证明书和发票、提单等货运单据的副本。

第四节 仿真模拟违约国际仲裁

一、实验流程

1. 实验参与方。出口方；进口方；仲裁机构。

2. 实验单据。

仲裁申请书见附表4－30、仲裁裁决书（见附表4－31）。

3. 实验步骤。

（1）申诉人提出仲裁。申诉人向仲裁机构提出仲裁，递交仲裁申请书，其内容应填写齐全。

（2）仲裁委员会接受申请。仲裁委员会接到申请书审核无误后，通知被诉人指定仲裁员，否则仲裁委员会主席代为指定仲裁员。

仲裁委员会要求申诉人双方提供相关证明资料原件或复印件。

（3）开庭审理。仲裁委员会主席决定开庭日期和地点，根据双方相关材料进行调解。如双方能达成协议，仲裁委员会则按双方协议做出“调解书”结案；如果调解无效，始进行审理，做出仲裁裁决，出具裁决书交给申诉人和被诉人。

仲裁费用按争议金额的3.5%计算，最低不少于10 000元人民币，费用可由败诉方承担，也可由双方分担。

仲裁机构监督双方对仲裁结果执行情况。

二、实验成果与评价

实验成果：申诉人递交仲裁申请书，仲裁机构进行仲裁并出具裁决书，结清仲裁费用。

评价：仲裁结果合理，获得双方认可，仲裁机构保证双方履行仲裁结果。

第五节 案例分析与理论思考

一、案例分析

（一）索赔函

索 赔 函

（向承运人索赔）

××有限责任公司：

200×年×月××日，我公司委托贵公司运输××设备一台，通过海上运输至深圳，交付给收货人刘×（以下简称收货人），在深圳收货人验收时发现设备已经破损而拒绝接收。设备于200×年×月×日退回我公司，经贵公司和我公司双方查验，由于贵公司运输和装卸不当，造成设备和包装破损。

此次事件，不但使我公司设备损坏，遭受二次紧急调运设备的运费损失，而且使我公司对客户逾期交货，信誉受损，并要承担逾期交货的违约责任。我公司向贵公司郑重要求立即赔偿以下设备修理费用和运输费损失：

破损部位及程度	费用（元）
上罩：两合页部分螺丝穿孔、严重掉漆	1 300.00
温室：合页部分及四个边角破裂	1 900.00
横梁：中间部分压损	800.00
电机上罩：	50.00
包装箱：	450.00
修理设备运输费：	400.00
设备修理人工费：	1 200.00
费用合计：	6 100.00

以上是我公司的最低要求，请贵公司于7日内支付上述赔偿金额，或者贵公司自己将设备送去经我公司认可、有相应技术能力和修理设施、设备完善的修理厂修理，贵公司承担全部修理费用。7日后如果贵公司不支付赔偿金，又不将损坏设备送去修理、恢复设备完好，我公司将自己委托修理厂修理，并通过法律途径追偿全部损失，不再通知。

顺祝商祺！

××××有限责任公司

200×年×月×日

（二）国际贸易索赔

案情介绍：日本A公司向马来西亚M公司出售一批圆钢2 000公吨，然而M公司在收货后发现有不少圆钢尺寸与合同不符，包装参差不齐，货物售给客户后，当地用户向M公司提出严重的道德上的抗议和对以后交易的警告。在M公司向A公司发出的定购另一批1 000公吨圆钢的要约中，M公司提出下列索赔警告："鉴于我们是老客户，我方暂时对上次交易你方的违约不提出索赔，但我方将保留这一权力。如果你方这批货物再像上批货物出现包装不良及尺寸不符，我方将连同上批交易中你方不良品部分一起提起索赔。"在要约中M公司还对货物尺寸、包装附加了更详细的条件。

案件结果：A公司承诺了M公司提出的附加条件，并与M公司签订合同，在对第二批 1 000 公吨圆钢的交易中给予了充分的注意，装运了良好的货物，M 公司也很满意，未再提起正式索赔。

案例分析：有些情况下，提起索赔的警告往往会收到比提起正式的索赔更加令人满意的效果，本案即是。卖方 A 公司交付的第一批货物不符合同约定，M 公司遂在第二批货物的要约中向 A 公司提起了索赔的警告，结果 A 公司非常重视，并认真履行了第二批交货合同，双方都省去了本应投入在索赔与理赔上的花费。

在国际货物买卖中，有下列情况发生时，当事人可考虑提出索赔警告：

(1) 有违约行为的对方交易人是老客户，为了以后进行贸易往来，可先提起索赔的警告。

(2) 分批履行的合同中前批货物卖方有违约行为，买方不愿解除合同并希望以后各批合同能够切实地得到履行。

(3) 对方违约未给自己造成实际损失或仅造成微小的损失，而且索赔人需要更多的客户。

二、理论与思考

1. 什么叫不可抗力？不可抗力条款通常包括哪些内容？
2. 什么叫索赔和理赔？如何划分违约的责任范围？
3. 仲裁的流程是什么样的？

附录1　出口业务流程

在国际贸易实务中，一般来说，出口商将承担较多责任。从签订外销合同，到租船订舱、检验、为产地证和保险、送货、报关、装船出口，直至押汇（或托收）、交单、结汇、核销、退税，是每笔出口业务必经的过程。其主要程序如附图1－1和附表1－1所示。

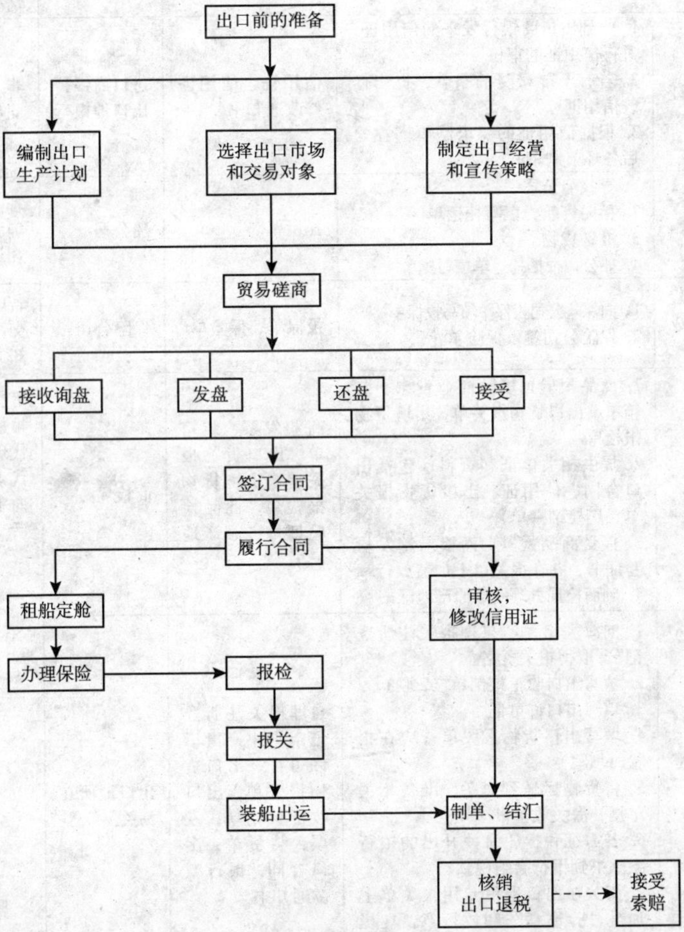

附图1－1　海运出口单证工作程序

附表 1－1　　　　出口商的业务和单证对照表

顺序	业务内容	主要步骤	主要单据	相关参与部门	可变动业务说明
1.	开拓国际市场的准备	1. 国际市场调研，制订出口商品生产计划，进行广告宣传； 2. 撰写建交函	建交函	综合信息中心，广告公司，进口商	
2.	接收询盘	接收进口方询盘函		进口商	由进口商发出
3.	发盘	1. 计算出口商品价格，进行进出口成本核算 2. 发送发盘函	出口成本核算表、发盘函、报价单	进口商出口方财务部门	
4.	还盘	修改价格或修改贸易条件	还盘函	进口商	也可由进口商发出
5.	接受/成交	决定是否接受对方条件	接受函	进口商	也可由进口商发出
6.	合同会签	填写出口合同，发给进口商签字	出口合同（或售货确认书）	进口商	也可由进口商提供进口合同，或根据情况决定合同撰写方
7.	审核信用证	1. 收到出口商银行发来的信用证，进行信用证的审核 2. 若有不能接受的条款，提出修改信用证 3. 根据信用证的要求制单（在之后各环节制单）	信用证、信用证修改通知书	进口商银行出口地银行	非 L/C 结算方式，此步骤省略
8.	租船订舱（以 CIF、CFR 成交）	1. 寻找船公司 2. 租船订舱，填写托运单 3. 准备货物 4. 船公司根据托运单填写提单	托运单	船公司	若以 FOB 成交，由买方负责租船订舱和承担运费
9.	出口保险（以 CIF 成交）	1. 向保险公司投保，填写投保单 2. 保险公司签发保险单	投保单、保险单	保险公司	若以 FOB 或 CFR 成交，则出口商应通知进口商办理保险
10.	出口报检	1. 商品报验，填写商业发票、装箱单、出口货物报关单，出境货物报检单 2. 提供相关单证和资料（包括出口合同、信用证、出口货物报关单、厂检结果单） 3. 接受商品检验，商检局签发检验证书，并在报关单上加盖放行章 4. 到商检局办理一般原产地证书	商业发票、装箱单、出口货物报关单、出境货物报检单、商品检验证书、原产地证书	商检局	可交给船公司代理报检报关，需填写代理报关委托书和代理报检委托书，向工商局申请，之后交给船公司
11.	报关	1. 向海关申请“自理报关注册登记”，取得报关资格 2. 填写出口收汇核销单（2 联） 3. 填写出口许可证 4. 填写出口货物报关单（应在报检时填写） 5. 将货物运送到海关，准备相关单据，海关收单审单 6. 若需征税，凭海关开出的银行缴款书到银行缴纳税款 7. 海关在出口退税专用报关单上加盖“验讫章”和放行章，在提单上加盖放行章，在出口收汇核销单上盖验讫章	自理报关注册登记申请书，出口许可证，出口货物报关单，出口收汇核销单，发票，装货单，出口合同，银行缴款通知书	出口地所在海关	

续表

顺序	业务内容	主要步骤	主要单据	相关参与部门	可变动业务说明
12.	装船出运	1. 将装货单和收货单交船方签字并拿回 2. 装船出运 3. 将收货单交给船方，从船方处获得海运提单 4. 向进口商发出装运通知，若以FOB或CFR成交，则应尽快通知进口商拿到装运通知办理保险	海运提单、装货单、收货单、装运通知		
13.	制单结汇	1. 制单并向议付行提供单据 2. 议付行审核单据无误后，将单据寄给开证行 3. 开证行审单无误后，向议付行给付货款 4. 议付行向出口商给付货款，并开出结汇水单或收账通知（出口收汇核销专用联） 5. 出口商缴纳手续费	汇票、商业发票、海运提单、保险单、原产地证明、装货单、商品检验证书、其他单证 出口收汇核专用联	出口商所在银行（议付行）	T/T方式下，出口商交单给进口商，L/C或D/P方式下，出口商交单给出口地银行
14.	出口核销	1. 将出口收汇核销单、出口收汇核销专用联报国家外汇管理部门 2. 外汇管理局审核并在核销单上加盖“已核销”章，并将另一张退回出口企业作为出口退税专用联	出口收汇核销单、出口收汇核销专用联	外汇管理局	
15	出口退税	1. 出口企业填写出口退税申请书 2. 相关单据准备 3. 税务局审核单据，发给企业“出口退税登记证”，计算税收退回数额 4. 出口商缴税，税务局签发税收收入退回书，在报关单上盖上“已退税”章	购进出口货物的增值税专用发票或普通发票、出口商业发票、结汇水单或银行收账通知单、已办完核销手续的出口收汇核销单、盖有海关验讫章的出口货物报关单	税务局	
16.	索赔、仲裁	1. 接受进口商的索赔请求 2. 接受仲裁或提出仲裁	仲裁申请书	进口商、仲裁机构	

附录2 进口业务流程

目前，我国进口合同大多以 FOB 条件成交，以信用证方式结算货款。履行这类进口合同的一般程序是：签订贸易合同、开立信用证、租船订舱、装运、办理保险、审单付款、接货报关、检验、索赔等事项。进口商应与各有关部门密切配合，逐项完成。其主要程序如附图 2－1 和附表 2－1 所示。

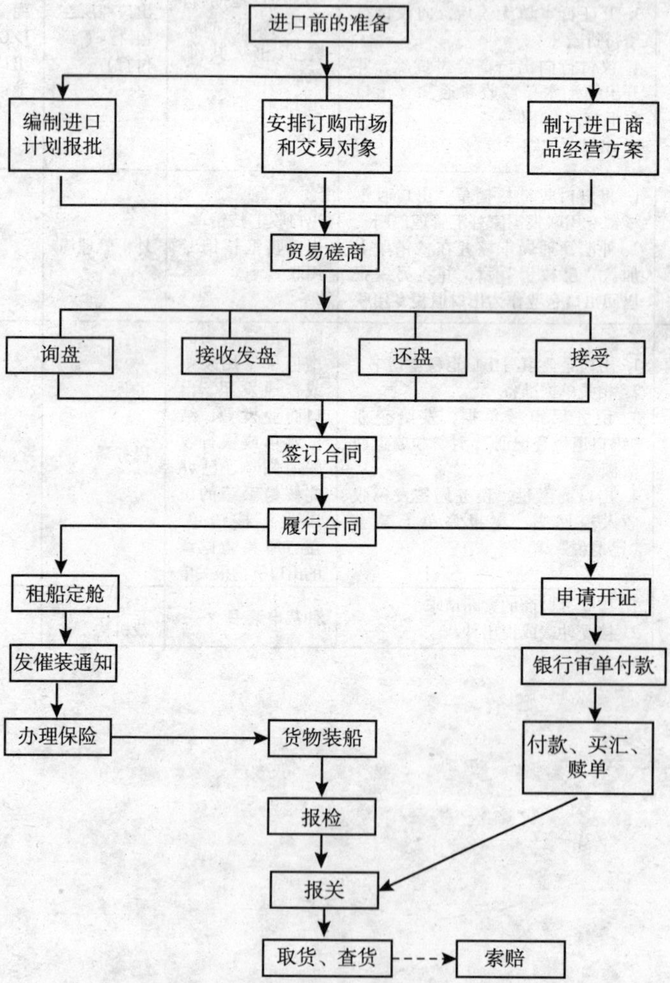

附图 2－1 海运进口单证工作程序

附表 2－1　　**进口商的业务和单证对照表**

顺序	业务内容	主要步骤	主要单据	相关参与部门	可变动业务说明
1.	进入国际市场的准备	1. 调查国外出口商的价格、资信状况，是否许可证管理 2. 撰写建交函	建交函	客户公司、综合信息中心、出口商	
2.	询盘	发送询盘函	询盘函	出口商	
3.	接收发盘	接收出口方发盘函	发盘函	出口商	
4.	还盘	修改价格或修改贸易条件	还盘函	出口商	也可由出口商发出
5.	接受/成交	决定是否接受对方条件	接受函	出口商	也可由出口商发出
6.	合同会签	填写进口合同，发给出口商签字	进口合同	进口商	也可由出口商提供出口合同，或根据情况决定合同撰写方
7.	申请开立信用证	1. 到所在银行（开证行/付款行）申请开立信用证 2. 接受出口商的信用证修改条件，或自主提出修改信用证 3. 银行将信用证或修改通知书寄给出口商所在行	信用证、信用证修改通知书	进口商银行（开证行/付款行）	非L/C方式下，此步骤省略，L/C方式下需在开证前申领核销单，其他方式下，则在付款前领单
8.	租船订舱（以FOB成交）	1. 寻找轮船公司 2. 租船订舱，填写托运单 3. 向出口商发出催装通知 4. 出口商填写托运单、装货单和收货单，交船方签字 5. 装船出运 6. 轮船公司拿到收货单，将提单交给出口商	托运单	船公司	若以CIF、CFR成交，由出口商负担租船订舱及承担运费
9.	进口保险（以FOB、CFR、FCA、CPT成交）	1. 出口商发出装船通知，通知进口商办理保险 2. 进口商向保险公司投保，填写投保单 3. 保险公司向进口商提供保险单	投保单、保险单、装船通知	保险公司	若以CIF成交，则由出口商购买保险
10.	付款、买汇、赎单	1. 开证行收到单据审核无误后，付款给议付行 2. 开证行通知进口商前来承兑或付款 3. 进口商填写“购买外汇申请书”和“进口付汇核销单”，根据中国银行外汇牌价表的汇率以人民币向开证行付款，同时缴纳手续费 4. 开证行将货物单据交付给进口商	获得信用证规定的单据，购买外汇申请书，进口付汇核销单	进口商所在银行（开证行/付款行）	

续表

顺序	业务内容	主要步骤	主要单据	相关参与部门	可变动业务说明
11.	报验	1. 商品报验，填写进口货物报关单、入境货物报检单 2. 提供相关单证，包括进口合同、进口报关单、国外商业发票、装箱单、提单、商品检验证书、原产地证书 3. 接受商品检验，商检局签发检验情况通知单，进口商领取货物	进口货物报关单、入境货物报检单、检验情况通知单	商检局	可交给轮船公司代理报检报关，需填写代理报关委托书和代理报检委托书，向工商局申请，之后交给船公司
12.	报关提货	1. 前往海关办理“自理报关注册登记”手续，取得报关资格 2. 填写进口许可证 3. 填写进口货物报关单（应在报验时填写） 4. 准备相关单据，海关收单审单 5. 凭海关开出的银行缴款书到银行缴纳税款 6. 领取货物 7. 海关在报关单及提单加盖放行章	自理报关注册登记申请书、进口许可证、进口货物报关单、提单、装箱单、发票、进口合同、检验情况通知单、银行缴款书	进口地所在海关	
13.	索赔、仲裁	1. 检查货物，看是否有损毁 2. 向进口商、船公司或保险公司提出索赔请求 3. 提出仲裁或接受仲裁	索赔函、仲裁申请书	出口商、轮船公司、保险公司 仲裁机构	

附录3　相关部门进出口业务单据一览

以下为生产企业和相关部门处理进出口业务需要填写和签发的基本单据：

1. 生产制造企业：
- 报价单（见附录4表1）
- 售货确认书
- （进/出口）合同正本
- 商业发票
- 汇票
- 装箱单
- 代理报检委托书
- 代理报关委托书
- 仲裁申请书

2. 商业银行：
- 信用证开证申请书
- 信用证（L/C）
- 信用证修改通知书
- 结汇水单或收账通知

3. 保险公司：
- 货物运输保险投保单
- 货物运输保险单

4. 船公司：
- 出口托运单
- 装货单
- 收货单
- 海运提单（B/L）

5. 海关：
- 自理报关注册登记申请书
- 出口货物许可证
- 进口货物许可证
- 出口货物报关单

- 进口货物报关单
- 海关缴款书

6. 国家外汇管理局：

- 购买外汇申请书
- 进口付汇核销单
- 出口收汇核销单

7. 商检局：

- 出入境检验检疫出境货物报检单
- 出入境检验检疫入境货物报检单
- 商品检验证书
- 一般原产地证书

8. 税务局：

- 出口退税申请书
- 出口企业退税登记证

9. 仲裁机构：

- 裁决书

附录 4　相关部门进出口业务单据实例

附表 4 –1　　　　　　　　　　报　价　单

________________公司

ADD：

TEL：

FAX：

报价单

QUOTATION

OUR REF.				DATE：	
TO：				VALID：	
ATTN：					
TEL		FAX：		EMAIL：	
附言					

ITEM NO. ：		
DESCRIPTION：		
COLOR：		
PACKAGEING：		
PACKING DETAILS：	VOLUME：	
	G. W. ：	N. W. ：
CONTAINER QTY：		
MIMIUM ORDER：		
PAYMENT：		
PRICE：		
REMARKS：		

附表 4－2

进/出口合同

__________公司

正　本
(ORIGINAL)

地　　址
Add

合同号码
Contract No.

合　　同
CONTRACT

买　　方:
The Buyers:

日期:　　传真:　　电传号:
Date:　　FAX:　　Telex number:

兹经买卖双方同意,由买方购进,卖方出售下列货物,并按下列条款签订本合同:

This CONTRACT is made by and between the Buyers and the Sellers; whereby the Buyers agree to buy and the Sellers agree to sell the undermentioned goods on the terms and conditions stated below:

(1)货物名称、规格、包装及唛头 Name of Commodity, Specifications, Packing Terms and Shipping Marks	(2)数量 Quantity	(3)单价 Unit Price	(4)总值 Total Amount	(5)装运期限 Time of Shipment

(6)装运口岸:
Port of Loading:
(7)目的口岸:
Port of Destination :
(8)付款条件:
Terms of Payment:
(9)单　　据:
Documents:

A. 填写通知目的口岸对外贸易运输公司的空白抬头、空白背书的全套已装船的清洁提单。
B. 发票
C. 装箱单及或重量单

D. 制造工厂的品质及数量、重量证明书
E. 按本合同第(11)条规定的装运通知电报抄本
F. 按本合同第(10)条规定的航行证明书

份数 Number of copies / 单证 Documents required / 寄送 To be distributed	A	B	C	D	E	F
送交议付银行(正本) to the negotiating bank (original)						
送交议付银行(副本) to the negotiating bank (duplicate)						
空邮目的口岸外运公司(副本) to ZHONGWAIYUN at the port of destination by airmail (duplicate)						

(10)装运条件
Terms of Shipment:
(11)装运通知:
Advice of Shipment:
(12)保险:
Insurance:
(13)检验和索赔:
Inspection and Claim:
(14)不可抗力:
Force Majeure:
(15)延期交货及罚款
Delayed Delivery and Penalty:
(16)仲裁:
Arbitration:
(17)附加条款:以上任何条款如与以下附加条款有抵触时,以以下附加条款为准。
Additional Clause :If any of the above-mentioned Clauses is inconsistent with the following Additional Clause(s), the latter to be taken as authentic.

买　方
The Buyers:

卖　方
The Sellers:

附表 4－3 **售货确认书**

____________公司

地址： 电话： 传真：

TO： 编号 No. 日期 Date

售货确认书
SALES CONFIRMATION

货号 ART. NO.	品名及规格 COMMODITY AND SPECIFICATION	数量 QUANTITY	单价及价格条款 UNIT PRICE & TERMS	金额 AMOUNT
			总金额 TOTAL AMOUNT	

装运条款
SHIPMENT：
付款方式
PAYMENT：
保 险
INSURANCE：
注 意：请完全按本售货确认书开证并在证内注明本售货确认书号码。
IMPORTANT：PLEASE ESTABLISH L/C EXACTLY ACCORDING TO THE TERMS AND CONDITIONS OF THIS S/C AND WITH THIS S/C NUMBER INDICATED。

________________ ________________

买方（The Buyers） 卖方（The Sellers）

附表 4 – 4　　托收委托书

________银行

出口托收委托书

代收行（若空白，由贵行选择）							委托人				
付款人							托收金额				
发票号码							核销单编号				
单据	汇票	发票	海运提单	空运提单	保险单	装箱单	产地证	GSP FORMA	检验/分析证	受益人证明	装船通知
份数											

委托事项：请依照下列标有"x"的内容

□请贵行要求代收行　　□付款交单（D/P）　　□承兑交单（D/A）

□上述托收款项收妥后：

□请结汇划至开户行：________________□账号：________________

□请原币划至开户行：________________□账号：________________

□请贵行对上述单据办理出口托收贷款，出口托收贷款比例为托收金额的______%。

□愿与贵行签订单笔使用的出口托收项下《出口托收贷款合同》。

□请支用我公司与贵行签订的编号为：__________《贸易融资额度合同》项下的出口托收贷款额度。请贵行将出口托收贷款款项：

□结汇划至开户行：________________□账号：________________

□原币划至开户行：　　　　　　　　□账号：

□贵行费用由我公司承担。

□贵行银行费用由付款人承担　　□可放弃　　□不可放弃

□请贵行通知我公司汇票到期日。

□若付款人拒绝付款/承兑，请立即通知我公司并说明原因。

□寄单方式：□DHL　□EMS　□快邮　□航邮

其他：

公司联系人：　　　　联系电话：　　　　公司公章

年　　月　　日

银行签收人： 银行复审记录	签收日期：

附表 4-5

汇 票

BILL OF EXCHANGE

No. ______________ Date: ______________

For: （汇票金额）

At （付款期限） sight of this second of exchange (first of the same tenor and date unpaid) pay to the order of （受款人） the sum of （受款人）

Drawn under （出票条款）

L/C No. ______________ Dated ______________

To. （付款人）

（出票人签章）

附表4-6 **信用证开证申请书**

IRREVOCADLE DOCUMENTARY CREADIT APPLICATION

TO: BANK OF Place/date:

Beneficiary (fullname and address)	L/C NO: CONTRACT NO: Date and place of expiry of credit
Partial shipments ☐allowed ☐not allowed / Transhipment ☐allowed ☐not allowed Loading on board/dispatch/taking in charge at/from	☐Issue by airmail ☐ With brief advice by teletransmission ☐ Issue by teletransmission ☐ Issue by express delivery Amount (both in figures and words)
Description of goods: Packing:	Credit available with ☐by sight payment ☐by acceptance ☐by negotiation ☐by deferred payment at against the documents detailed herein ☐and beneficiary' s draft for 100% of the invoice value (12) ☐FOB ☐C&F ☐CIF ☐ or other terms

Documents required: (marked with ×)

1. ( ) Signed Commercial Invoice in ____copies indicating L/C No. and Contract No.
2. ( ) Full set of clean on board ocean Bills of Lading made out and ( ) blank endorsed, marked freight ( ) to collect/ ( ) prepaid
3. ( ) Air Waybills showing "freight ( ) to collect/ ( ) prepaid ( ) indicating freight amount" and consigned to
4. ( ) Memorandum issued by consigned to
5. ( ) Insurance Policy/Certificate in ____copies for ____% of the invoice value showing claims payable in China in currency of the draft. Blank endorsed, covering ( ) Ocean Marine Transportation/ ( ) air transportation/ ( ) over land transportation ( ) All Risks, War risks
6. ( ) Packing List/Weight Memo in ____copies indicating quantity/gross and net weight of each package and packing condition as called for by the L/C
7. ( ) Beneficiary' s certified copy of cable/telex dispatched to the accountees within 24 hours after shipment advising ( ) name of vessel/ ( ) No. / ( ) wagon No., date, quantity, weight and value of shipment.
8. ( ) Beneficiary' s Certificate certifying that extra copies of the documents have been dispatched according to the contract terms.
9. ( ) Other documents, if any:

Additional instructions:

1. ( ) All banking charges outside the opening bank are for beneficiary' s account.
2. ( ) Documents must be presented within 15 days after the date of issuance of the transport documents but within the validity this credit.
3. ( ) Third party as shipper is not acceptable. Short form/Blank Back B/L is not acceptable.
4. ( ) Both quantity and amount % more or less are allowed.
5. ( ) Prepaid freight drawn in excess of L/C amount is acceptable against presentation of original charges voucher issued by shipping co/air line /or it' s agent.
6. ( ) All documents to be forwarded in one cover, unless otherwise stated above.

You correspondents to advise beneficiary ☐adding their confirmation ☐ without adding their confirmation

7. ( ) Other terms, if any:

Account no.: with BANK OF

Transacted by: applicant:

Telephone no: (with seal)

附表 4 – 7 信用证（为已填写完善的样本）

SWIFT 信用证

ABN AMRO
Tel：(0) 20 – 6283231/JVH
Fax：(0) 20 – 6280820
P. O. Box 669
1000EG Amsterdam

Amsterdam，2006. 5，17
Tlx：110066 abam nl
BIC：ABNANL2A

…………………………………………………… – ISSU OF A DOCUMENTARY CREDIT –

SHANGHAI STATIONERY AND SPORTING
GOODS IMP. AND EXP. CORP.
5 – 15 F. BAISHU MANSION 1230 – 1240
ZHONGSHAN ROAD N. 1，SHANGHAI

Documentary
credit number：A2B9600463

Reference number
of advising bank：

……………………………………………………

Dear Sirs,

We issue this documentary credit，the details of which are as follows：

Advising bank：	BANK OF CHINA ZHONGSHAN DONG YI LU 23 SHANGHAI CHINA
Form of documentary credit：	Irrevocable
Date and place of expiry：	2006. 8. 15/China
Applicant：	MODANA B. V. P. O. Box 507 2130 AM HOOFDDORP
Beneficiary：	SHANGHAI STATIONERY AND SPORTING GOODS IMP. AND EXP. CORP. 5 – 15 F. BAISHU MANSION 1230 – 1240 ZHONGSHAN ROAD N. 1，SHANGHAI
Currency code，amount：	USD $4267. 40 (four/two/six/seven40/100)
Available with…by…：	Any bank in advising bank' s country By negotiation at sight
Drafts (s) drawn on：	ABN AMRO Bank N. V，Amsterdam
Partial shipments：	Permitted
Transshipment：	Permitted
Loading on board/dispatch/ Taking in change at/from：	Shanghai port
For transportation to：	Amsterdam port
Shipment period：	see goods description

Description of goods/services:

Goods as per under-mentioned specification:

Qty. Dzn.:	Goods - Description:	Order no.:	Order date:	Article no:	Price dzn.:
1) 64	Men' s gloves	6413/al	2006. 03. 10	47506	USD46. 00
2) 36	Men' s gloves	8953/al	2006. 06. 10	47417	USD43. 00

Shipment date not later than 2006. 07. 31

Less 5 percent discount, being USD 224. 60

As per confirmations no. 2006M/144

Delivery-conditions : CFR Amsterdam port

Documents required:

1. Signed invoice in seven fold
2. Packing, or weight or measurement list in three fold
3. GSP Certificate of Origin Form A
4. Beneficiaries' declaration stating that packing and labelling has been executed exactly as instructed by Modana BV
5. (Photo) copy of beneficiaries' telex or fax, sent to Modana BV, the Netherlands on date of shipment of the goods, stating:
   a. name of the carrying vessel
   b. name of the shipping company
   c. no. of B/L
   d. expected sailing date
   e. order number (s)
   f. Quantity shipped
6. Full set clean on board marine Bills of Lading plus 4 n. n. Copies, made out to order and blank endorsed, marked 'freight prepaid upto Amsterdam port', notify: Modana B. V. , O. O. Box 507

   2130 AM Hoofddorp

Additional conditions:

a. We understand insurance covered here

b. Forwarder' s B/L. acceptable

Documents are to be forwarded to us in two lots by registered airmail.

All commissions and charges outside the Netherlands are for your account.

Period for presentation:

Documents are to be presented with 15 days after the date of issuance of the transport document(s) .

Reimbursement instructions :

In reimbursement, the authorized bank is to claim cover from us at sight

This documentary credit is subject to the Uniform Customs and Practice of Documentary Credits (1993 Revision, International Chamber of Commerce, Paris, Publication No. 500).

(00001 02) ORIGINAL FOR BENEFICIARY

– END –

ABN AMRO BANK N. V. , genestigd to Amsterdam
Handelsrepister K. V. K. Amsterdam, nr. 2587

附表 4 – 8 **信用证修改通知书**

信用证修改通知书

____________银行

Date:

Messrs:
Transmitted through
ADD:
Bank of ________
TEL:
FAX:

Dear Sirs:
Re: our confirmed Credit No. ____________
For USD ____________
At the request of the exporter ________Corp. , we hereby amend the terms of the above credit as follows:
____
____

Should these alteration not be acceptable to you, please inform us immediately. This letter is to be attached to the Advice of which it is to become an integral part.

Yours Faithfully
ACCOUNT

For ________________Corp.
Manger

Authorized Signature

Authorized Signature

附表4－9

商 业 发 票

Commercial Invoice

Shipper:		Air waybill Number:	
Company Name:			
Address:			
Contact Person:			
Phone/Fax:			
Consignee:			
Company Name:			
Address:			
City:			
State/Country:		Total Weight:	
Contact Person:			
Phone/Fax:			

Full Description Of Goods	Harmonized code	No. of Items	Quantity	Unit Value (USD)	Total Value (USD)
				Total Invoice Value:	
Reason for Export:					

I declare that the information is true and correct to the best of my knowledge, And that the goods are of ____________ origin.

I (name) ____________ certify that the contents of this shipment are as stated above.

Authorized Signature: ____________

Date: ____________

附表 4－10

装 箱 单

______公司

PACKING LIST

ADD：

TEL：

FAX：

MESSR：

INVOICE NO：

S/C NO：

Date：

DESCRIPTION OF GOODS	SHINPPING MARKS：
PAYMENT BY L/C NO. SHIPPING S/C NO.	

COLOUR BREAKDOWN：

					SIZE				
COLOR		PACK	S	M	L	XL	XXL	XXXL	TOTAL（PCS）
IVORY									
BLACK									
NAVYBLUE									
RED									
WHITE									
BROWN									
TAWNY									

TOTAL（PCS）：

					SIZE ASSORTMENT				QUANTITY
CTN NO.	COLOR	CTNS	S	M	L	XL	XXL	XXXL	(PCS)

TOTAL：

GROSS WT：

NET WT：

MEASUREMENT：

For and on behalf of

Authorized Signature（s）

附表 4－11　　　　**进口付汇核销单**

银行：

进口单位（盖章） 联系人	电话
付汇金额 进口合同号 进口商品名称 应到货日期	外汇来源 进口发票号 进口批件名称及编号 付款方式
付汇日期（银行盖章）	
到货日期 报关单编号	到货金额 退汇
到货及付汇差额	差额原因
核销意见	年　　月　　日（银行盖章）

第一联银行留存　第二联进口单位留存

注：本核销单一式两联，不得涂改。

附表 4－12

出口收汇核销单

存根
编号:No. 28/0075649
出口单位名称:

出口货物数量:
出口货物总价:
收汇方式:
预计收款日期:
出口单位所在地:
报关日期　　年　　月　　日
出口单位备注: 1. 发票编号 2. 合同(契约)编号 3. 其他

注:1. 出口货物数量 按报关单内容填写出口商品品种及数量。

2. 出口货物总价 按报关单内容填写成交价格条件及总价。

3. 收汇方式及预计收款日期 按合同填写,其中收汇方式必须按“细则”规定详细填写。

4. 出口单位所在地:填写出口单位所在省(自治区、直辖市)地(市)县。

编号:
出口单位名称:

寄单日期:		海关核放情况: 年　月　日(签章)
BP/OC 号:		
结汇/收账日期:		
有关费用及货款处理方式:		受托行/解付行备注: 年　月　日(签章)
□运费	□保险费	
□佣金回扣	□经批准还贷	
□退货款	□赔款	出口单位备注: 年　月　日(签章)
□预收款	□分期/延期收款	
□保留现汇	□其他	
外汇管理部门核销意见: 年　月　日(签章)		

注:1. 寄单日期、BP/OC 号 结汇/收账日期由受托行/解付行填写,有关费用及货款处理方式由出口单位填写。

2. 寄单日期系指信用证或托收项下银行寄单日期。

3. BP 号系指信用证项下议付通知书编号,OC 号系指托收项下托收委托书编号,如为自寄单据出口,则在 BP/OC 号栏中填写“自寄单据”。

4. 结汇/收账日期系指解付行将货款结汇或收账的日期.

5. 有关费用及货款处理方式系指出口项下从属费用及经批准保留现汇的货款金额,填写时,在所列的项目中如发生一项,即在项目前“□”内划“√”,并填写费用金额;如未发生该项,则不填。

附表 4-13 购买外汇申请书

购买外汇申请书

中国银行________分（支）：

我公司为执行第__________号合同项下对外支付，需向贵行购汇。现按外汇局有关规定向贵行提供下述内容及所附文件，请审核并按实际付汇日牌价办理售汇。所需人民币资金从我公司__________号账户中支付。

1. 购汇金额：
2. 用 途：□进口商品 □从属费用 □其他
3. 支付方式：□信用证 □代收 □汇款（□货到付款口预付货款）
4. 商品名称： 5. 数量：
6. 合同号： 金额：
7. 发票号： 金额：
8. □一般进口商品，无须批文
   □控制进口商品，批文随附如下：
   □进口证明 □许可证 □登记证明 □其他批文
   批文号码： 批文有效期：
9. 附件：□批文 □合同/协议 □发票 □正本运单
   □报关单 □运费单/收据 □保险费收据
   □佣金单 □关税证明 □仓单 □其他

申请单位________（盖章）

银行审核意见： 银行业务编号：

上述内容与随附文件/凭证描述相符，拟按申请书要求办理售汇

经办人： 复核人： 核准人：

售汇日期： 经办人：

（加盖售汇专用章）

附表 4－14 **出口托运单**

THE NAME AND ADDRESS OF BENEFICARY

托运单 BOOKING NOTE

---

(1) 收货人：Consignee　　(17) 提单号：B/L No.

(2) 通知人：Notify　　(18) 船名 VSL.

(19) 编号 NO.：

(20) 日期 Date：

(21) 起运地 Loading Port：

(22) 装运地 Destination：

---

(3) 标记 Shipping Marks：	(4) 件数 Quantity：	(5) 货名 Description of Goods：	(6) 净重 N/W	毛重 G/W	(7) 尺码 Measurement：

(23) 特殊条款 Special Conditions：

---

(8) 可否分批　　(13) 正本

(9) 可否转船　　(14) 副本

(10) 装船期限　　(15) 货存地点

(11) 结汇期限　　(16) 运费缴付方式

---

(12) 运费吨：　　运费率：　　运费金额：

NAME OF BENEFICIARY AND SIGNATURE

附表 4－15 **海运提单**

<table>
<tr><td colspan="2">托运人
Shipper</td><td colspan="2" rowspan="5">SINOTRANS B/L No.
中国对外贸易运输总公司
北 京
BEIJING
联 运 提 单
COMBINED TRANSPORT
BILL OF LADING
RECEIVED the foods in apparent good order and condition as specified below unless otherwise stated herein. THE Carrier, in accordance with the provisions contained in this document,
1) undertakes to perform or to procure the performance of the entire transport form the place at which the goods are taken in charge to the place designated for delivery in this document, and
2) assumes liability as prescribed in this document for such transport One of the bills of Lading must be surrendered duty indorsed in exchange for the goods or delivery order</td></tr>
<tr><td colspan="2">收货人或指示
Consignee or order</td></tr>
<tr><td colspan="2">通知地址
Notify address</td></tr>
<tr><td>前段运输
Pre-carriage by</td><td>收货地点
Place of Receipt</td></tr>
<tr><td>海运船只
Ocean Vessel</td><td>装货港
Port of Loading</td></tr>
<tr><td>卸货港
Port of Discharge</td><td>交货地点
Place of Delivery</td><td>运费支付地
Freight payable at</td><td>正本提单份数
Number of original Bs/L</td></tr>
<tr><td colspan="4">标志和号码 Marks and Nos. | 件数和包装种类 Number and kind of packages | 货 名 Description of goods | 毛 重（公斤） Gross weight (kgs.) | 尺 码（立方米） Measurement (m^3)

以上细目由托运人提供
ABOVE PARTICULARS FURNISHED BY SHIPPER</td></tr>
<tr><td colspan="2" rowspan="3">运费和费用
Freight and charges</td><td colspan="2">IN WITNESS whereof the number of original bills of Lading stated above have been signed, one of which being accomplished, the other (s) to be void.</td></tr>
<tr><td colspan="2">签单地点和日期
Place and date of issue</td></tr>
<tr><td colspan="2">代表承运人签字
Signed for or on behalf of the carrier

代 理
as Agents</td></tr>
</table>

附表 4－16　　装　货　单

中国外轮代理公司
CHINA OCEAN SHIPPING AGENCY
装 货 单
SHIPPING ORDER

（货）

托运人
Shipper ____________

编号　　　　船名
No. ____________ S/S ____________

目的港
For ____________

兹将下列完好状况之货物装船后希签署收货单
Receive on board the undermentioned goods apparent in good order and condition and sign the accompanying receipt for the same

标记及号码 Marks & Nos	件数 Quantity	货　名 Description of Goods	重量公斤 Weight Kilos	
			净重 Net	毛重 Gross

共计件数（大写）
Total Number of Package in Writing

日期　　　　时间
Date ____________ Time ____________

装入何舱
Stowed ____________

实收
Received ____________

理货员签名　　　　经办员
Tallied by ____________ Approved by ____________

附表 4－17 **收 货 单**

中国外轮代理公司
CHINA OCEAN SHIPPING AGENCY
收 货 单
MATE' S RECEIPT

托运人
Shipper ____________________

编号 船名
No. ____________________ S/S ____________________

目的港
For ____________________

兹将下列完好状况之货物装船后希签署收货单
Receive on board the undermentioned goods apparent in good order and condition and sign the accompanying receipt for the same

标记及号码 Marks & Nos	件数 Quantity	货 名 Description of Goods	重量公斤 Weight Kilos	
			净重 Net	毛重 Gross

共计件数（大写）
Total Number of Package in Writing

日期 时间
Date ____________________ Time ____________________

装入何舱
Stowed ____________________

实 收
Received ____________________

理货员签名 大 副
Tallied by ____________________ Chief Officer ____________________

附表 4－18 货物运输保险投保单

APPLICATION FORM FOR CARGO TRANSPORTATION INSURANCE

被保险人
INSURED: ____________________

发票号（INVOICE NO.）
合同号（CONTRACT NO.）
信用证号（L/C NO.）
发票金额（INVOICE AMOUNT）__________ 投保加成（PLUS）________ 10 ________ %

兹有下列物品向__________公司投保．（INSURANCE IS REQUIRED ON THE POLLOWING COMMODITIES）

标 记 MARKS & NOS.	包装及数量 QUANTITY	保险货物项目 DESCRIPTION OF GOODS	保险金额 AMOUNT INSURED

起运日期：
DATE OF COMMENCEMENT __________
装载运输工具：
PER CONVEYANCE __________
自 FROM __________ 经 VIA __________ 至 TO __________
提单号：
B/L NO，
赔款偿付地点：
CLAIM PAYABLE AT __________
投保险别（PLEASE INDICATE THE CONDITIONS &/OR SPECIAL COVERAGES）

请如实告知下列情况（如是在［ ］中打‘×’）IF ANY，PLEASE MARK‘×’：

1. 货物种类 GOODS 袋状［ ］BAG/JUMBO 散装［ ］BULK 冷藏［ ］REEFER 液体［ ］LIQUID 活动物［ ］LIVE ANIMAL 机器/汽车［ ］MACHINE/AUTO 危险等级［ ］DANGEROUS CLASS
2. 集装箱种类 CONTAINER 普通［ ］ORDINARY 开顶［ ］OPEN 框架［ ］FRAME 平板［ ］PLAY 冷藏［ ］RAPRIGERATOR
3. 运转工具 BY TRANSIT 海轮［ ］SHIP 飞机［ ］PLANS 轮船［ ］BARGE 火车［ ］TRAIN 汽车［ ］TRUCK
4. 船舶资料 PARTICULAR OF SHIP 船籍 RIGISTRY __________ 船龄 AGE __________

备注：被保险人确认本保险合同条款和内容已经完全了解
THE ASSURED CONFIRMS HEREWITH THE TERMS AND CONDITIONS OF THESE INSURANCE CONTRACT FULLY UNDERSTOOD.

投保人（签名盖章）APPLICANT' S SIGNATURE

投保日期（DATE）__________
电话：（TEL）
地址：（ADD）

本公司自用（FOR OFFICE USE ONLY）

费率 RATE __________ 保费 PRBMIUM __________ 备注
经办人 BY __________ 核保人 __________ 负责人 __________

附表 4－19　　**货物运输保险单**

____________保险公司
____________INSURANCE COMPANY OF CHINA

总公司设于__________　　一九四九年创立
Head Office：BEIJING　　Established in 1949
保险单　　号次
INSURANCE POLICY　　No. SH02/304246

__________保险公司（以下简称本公司）
This Policy of Insurance witnesses that xx Insurance Company of China（hereinafter called "the Company"），根据（以下简称被保险人）的要求，由被保险人向本公司缴付约定的
at the request of ____________________
（hereinafter called "the Insured"）and in consideration of the agreed premium paid to the Company by the 保险费，按照本保险单承保险别和背面所载条款与下列
Insured，undertakes to insure the undermentioned goods in transportation subject to the conditions of this Policy 条款承保下述货物运输保险，特立本保险单。
as per the Clause printed overleaf and other special clauses attached hereon.

标　记 Marks & Nos.	包装及数量 Quantity	保险货物项目 Description of Goods	保险金额 Amount Insured
As per Invoice No.			

总保险金额：
Total Amount Insured：____________________

保费　　费率　　装载运输工具
Premium：as arranged　　Rate　as arranged　　Per conveyance S. S. __________
开行日期　　自　　至
Slg. on or abt.　As Per B/L　　From __________　　to __________
承保险别
Conditions

所保货物，如遇出险，本公司凭本保险单及其他有关证件给付赔款。
Claims，if any，payable on surrender of this Policy together with other relevant documents.
所保货物，如发生本保险单项下负责赔偿的损失或事故，应立即通知本公司下述代理人查勘。
In the event of accident whereby loss or damage may result in a claim under this Policy immediate notice applying For survey must be given to the Company's Agent as mentioned hereunder：
赔款偿付地点
Claim payable at __________
日期　　________保险公司________分公司
Date __________
地址：__________
Address：
Cables：__________
Telex：　　*General Manager*

附表 4－20 出/入境货物报检单

××国出入境检验检疫
出境货物报检单

报检单位（加盖公章）： ＊编号＿＿＿＿＿＿
报检单位登记号： 联系人： 电话： 报检日期： 年 月 日

发货人	（中文）				
	（外文）				
收货人	（中文）				
	（外文）				
货物名称（中/外文）	H. S. 编码	产地	数/重量	货物总值	包装种类及数量
运输工具名称号码		贸易方式		货物存放地点	
合同号		信用证号		用途	
发货日期		输往国家（地区）		许可证/审批号	
启运地		到达口岸		生产单位注册号	
集装箱规格、数量及号码					

合同、信用证订立的检验检疫条款或特殊要求	标记及号码	随附单据（划“√”或补填）	
		□合同	□包装性能结果单
		□信用证	□许可/审批文件
		□发票	□
		□换证凭单	□
		□装箱单	□
		□厂检单	□

需要证单名称（划“√”或补填）		＊检验检疫费	
□品质证书 _ 正_ 副	□植物检疫证书 _ 正_ 副	总金额（人民币元）	
□重量证书 _ 正_ 副	□熏蒸/消毒证书 _ 正_ 副		
□数量证书 _ 正_ 副	□出境货物换证凭单	计费人	
□兽医卫生证书 _ 正_ 副	□出境货物通关单		
□健康证书 _ 正_ 副			
□卫生证书 _ 正_ 副		收费人	
□动物卫生证书 _ 正_ 副			

报检人郑重声明：	领取证单	
1. 本人被授权报检。 2. 上列填写内容正确属实，货物无伪造或冒用他人的厂名、标志、认证标志，并承担货物质量责任。	日期	
签名：＿＿＿＿＿	签名	

注：有“＊”号栏由出入境检验检疫机关填写 ◆国家出入境检验检疫局制

××国出入境检验检疫

入境货物报检单

报检单位（加盖公章）：　　　　　　　　　　　　　　　　＊编号____________

报检单位登记号：　　　　联系人：　　　　电话：　　　　报检日期：　　年　月　日

收货人	（中文）	企业性质（划“√”）	□合资□合作□外资
	（外文）		
发货人	（中文）		
	（外文）		

货物名称（中/外）	H. S. 编码	原产国（地区）	数/重量	货物总值	包装种类及数量
运输工具名称号码				合同号	

贸易方式		贸易国别（地区）		提单/运单号	
到货日期		启运国家（地区）		许可证/审批号	
卸毕日期		启运口岸		入境口岸	
索赔有效期至		经停口岸		目的地	
集装箱规格、数量及号码					
合同订立特殊条款以及其他要求		货物存放地点			
		用　　途			

随附单据（划“√”或补填）		标记及记号	外商投资财产（划“√”）	□是□否
□合同 □发票 □提/运单 □兽医卫生证书 □植物检疫证书 □动物检疫证书 □卫生证书 □原产地证书 □许可/审批文件	□到货通知 □装箱单 □质保书 □理货清单 □磅码单 □验收报告 □ □ □		●检验检疫费	
			总金额 （人民币元）	
			计费人	
			收费人	

报检人郑重声明： 1. 本人被授权报检。 2. 上列填写内容正确属实。 签名：________	领取单证	
	日期	
	签名	

注：有“●”号栏由出入境检验检疫机关填写　　　　◆国家出入境检验检疫局制

附表 4－21

商品检验证书

××国××进出口商品检验局

××IMPORT & EXPORT COMMODITY INSPECTION

BUREAU OF THE PEOPLE' S REPUBLIC OF CHINA

地址：

Address：

No.

检验证书　　日期

INSPECTION CERTIFICATE　　Date

电话：

Tel：

受 货 人：

Consignee：

发货人：

Consignor：

品名：

Commodity：

报验数量/重量：

Quantity/Weight

Declared：

运输：

Transportation：

进口日期：

Date of Arrival：

卸毕日期：

Date of Completion

of Discharge：

发票号：

Invoice No. ：

合同号：

Contract No. ：

标记及号码：

Mark & No. ：

附表 4－22 **一般原产地证书**

ORIGINAL

<table>
<tr><td colspan="2">1. Exporter（full name and address）</td><td colspan="3" rowspan="2">CERTIFICATE NO
CERTIFICATE OF ORIGIN
OF
THE PEOPLE' S REPUBLIC OF CHINA</td></tr>
<tr><td colspan="2">2. Consignee（full name，address，country）</td></tr>
<tr><td colspan="2">3. Means of transport and route</td><td colspan="3" rowspan="2">5. For certifying authority use only</td></tr>
<tr><td colspan="2">4. Country / region of destination</td></tr>
<tr><td>6. Marks and numbers</td><td>7. Number and kind of packages description of goods;</td><td>8. H. S. Code</td><td>9. Quantity</td><td>10. Number and date of invoices</td></tr>
<tr><td colspan="2">11. Declaration by the exporter
The undersigned hereby declares that the above details and statement are correct; that all the goods were produced in China and that they comply with the Rules of Origin of the People' s Republic of China.

Place and date, signature and stamp of authorized signatory</td><td colspan="3">12. Certification
It is hereby certified that the declaration by the exporter is correct.

Place and date，signature and stamp of certifying authority</td></tr>
</table>

附表 4－23　　自理报关注册登记申请书

自理报关注册登记申请书

中华人民共和国＿＿＿＿＿＿＿＿海关：

我单位已经＿＿＿＿＿＿＿＿批准，有权经营有关的进出口业务。工商行政管理局已发给营业执照，且有法人资格，具有缴纳进出口税费的能力，现根据《中华人民共和国海关对报关单位和报关员的管理规定》特向贵关申请注册登记，并将有关情况说明如下：

1. 法人代表：＿＿＿＿＿
2. 总经理：＿＿＿＿＿　副总经理：＿＿＿＿＿
3. 法定地址：＿＿＿＿＿
4. 现在地址：＿＿＿＿＿
5. 联系电话：（1）＿＿＿＿＿　（2）＿＿＿＿＿　（3）＿＿＿＿＿
6. 邮政编码：＿＿＿＿＿
7. 开户银行：＿＿＿＿＿账号：＿＿＿＿＿

以上各项保证无讹。特请贵关准予办理自理报关注册登记手续。如获贵关批准为自理报关单位，我单位保证遵守海关的法律法规和其他有关制度，承担相应的法律责任。

申请单位（签印）：

报关专用章印模：　　　　法人代表（签印）：

年　月　日

附表4－24　　**代理报关委托书**

代理报关委托书

（出口/进口）报托第　　号

____________________公司：

我单位现委托贵公司代理货物（ 出/进口 ）报关

合同号：　　　　　　　　货名：　　　　　　　　件数：

毛重：　　　　　　　　　净重：　　　　　　　　价值：

我单位保证遵守《中华人民共和国海关法》及国家有关法规保证所提供的单位与所报的货物相符，如申报货物有任何问题，责任由我单位承担。本委托书有效期至本委托书项下货物报关、缴税及退税完毕止。

委托单位：（盖章）　　　　　　　　代理单位：（盖章）

海关注册登记编码：　　　　　　　　海关注册登记编码：

法定代表人姓名：　　　　　　　　　法定代表人姓名：

联系电话：　　　　　　　　　　　　联系电话：

经办人：　　　　　　　　　　　　　经办人：

年　　月　　日

附表 4－25

进/出口货物许可证

中华人民共和国出口许可证

<table>
<tr><td colspan="3">1. 出口商：
Exporter</td><td colspan="3">3. 出口许可证号：
Export licence No.</td></tr>
<tr><td colspan="3">2. 发货人：
Consignor</td><td colspan="3">4. 出口许可证有效截止日期：
Export licence expiry date</td></tr>
<tr><td colspan="3">5. 贸易方式：
Terms of trade</td><td colspan="3">8. 进口国（地区）：
Country /Region of purchase</td></tr>
<tr><td colspan="3">6. 合同号：
Contract No.</td><td colspan="3">9. 支付方式：
Payment conditions</td></tr>
<tr><td colspan="3">7. 报关口岸：
Place of clearance</td><td colspan="3">10. 运输方式：
Mode of transport</td></tr>
<tr><td colspan="3">11. 商品名称：
Description of goods</td><td colspan="3">商品编码：
Code of goods</td></tr>
<tr><td>12. 规格、等级
Specification</td><td>13. 单位
Unit</td><td>14. 数量
Quantity</td><td>15. 单价（ ）
Unit price</td><td>16. 总值（ ）
Amount</td><td>17. 总值折美元
Amount in USD</td></tr>
<tr><td></td><td></td><td></td><td></td><td></td><td></td></tr>
<tr><td></td><td></td><td></td><td></td><td></td><td></td></tr>
<tr><td></td><td></td><td></td><td></td><td></td><td></td></tr>
<tr><td></td><td></td><td></td><td></td><td></td><td></td></tr>
<tr><td>18. 总计
Total</td><td></td><td></td><td></td><td></td><td></td></tr>
<tr><td colspan="3">19. 备注
Supplementary details</td><td colspan="3">20. 发证机关签章
Issuing authoritys stamp & signature

21. 发证日期
Licence date</td></tr>
</table>

中华人民共和国进口许可证

1. 进口商： Importer	3. 进口许可证号： Import licence No.
2. 发货人： Consignor	4. 进口许可证有效截止日期： Import licence expiry date
5. 贸易方式： Terms of trade	8. 进口国（地区）： Country /Region of exportation
6. 合同号： Contract No.	9. 支付方式： Payment conditions
7. 报关口岸： Place of clearance	10. 运输方式： Mode of transport
11. 商品名称： Description of goods	商品编码： Code of goods

12. 规格、等级 Specification	13. 单位 Unit	14. 数量 Quantity	15. 单价（　） Unit price	16. 总值（　） Amount	17. 总值折美元 Amount in USD
18. 总计 Total					

19. 备注 Supplementary details	20. 发证机关签章 Issuing authoritys stamp & signature 21. 发证日期 Licence date

附表 4－26

进/出口报关单

中华人民共和国海关出口货物报关单

预录入编号：　　　　　　　　　　　　海关编号：

出口口岸	备案号	出口日期	申报日期
经管单位	运输方式	运输工具名称	提运单号
发货单位	贸易方式	征免性质	结汇方式
许可证号	运抵国（地区）	指运港	境内货源地

批准文号	成交方式	运费	保费	杂费
合同协议号	件数	包装种类	毛重（公斤）	净重（公斤）
集装箱号	随附单据		生产厂家	

标记唛码及备注

项号	商品编号	商品名称、规格型号	数量及单位	最终目的国（地区）	单价	总价	币制	征免

税费征收情况

录入员　录入单位	兹声明以上申报无讹并承担法律责任	海关审单批注及放行日期（签章） 审单　　审价
报关员		证税　　统计
单位地址	申报单位（签章）	
邮编　　电话	填制日期	查验　　放行

中华人民共和国海关进口货物报关单

预录入编号：　　　　　　　　　　　　　　　　　　　　海关编号：

进口口岸	备案号	进口日期	申报日期
经管单位	运输方式	运输工具名称	提运单号
收货单位	贸易方式	征免性质	结汇方式
许可证号	起运国（地区）	装货港	境内目的地

批准文号	成交方式	运费	保费	杂费
合同协议号	件数	包装种类	毛重（公斤）	净重（公斤）
集装箱号	随附单据		用途	

标记唛码及备注

项号	商品编号	商品名称、规格型号	数量及单位	原产国（地区）	单价	总价	币制	征免

税费征收情况

录入员　录入单位	兹声明以上申报无讹并承担法律责任	海关审单批注及放行日期（签章） 审单　　　审价
报关员 单位地址 邮编　　　电话	 申报单位（签章） 填制日期	证税　　　统计 查验　　　放行

附表 4－27 **银行缴款书**

中华人民共和国海关专用缴款

收入系统　　　　填发日期：　年　月　日　　　　号码 No.

<table>
<tr><td rowspan="3">收款单位</td><td>收入机关</td><td colspan="4"></td><td rowspan="3">缴款单位</td><td>名称</td><td></td></tr>
<tr><td>科目</td><td colspan="4">预算级次</td><td>账号</td><td></td></tr>
<tr><td>收款国库</td><td colspan="4"></td><td>开户银行</td><td></td></tr>
<tr><td>税号</td><td colspan="2">货物名称</td><td>数量</td><td>单位</td><td colspan="2">完税价格（¥）</td><td>税率（%）</td><td>税款金额（¥）</td></tr>
<tr><td></td><td colspan="2"></td><td></td><td></td><td colspan="2"></td><td></td><td></td></tr>
<tr><td colspan="7">金额人民币（大写）</td><td>合计（¥）</td><td></td></tr>
<tr><td>申请单位编号</td><td></td><td>报关单编号</td><td></td><td colspan="3">填制单位</td><td colspan="2">收款国库（银行）</td></tr>
<tr><td>合同（批文）号</td><td></td><td>运输工具（号）</td><td></td><td colspan="3" rowspan="3">制单人________
复核人</td><td colspan="2" rowspan="3"></td></tr>
<tr><td>缴款期限</td><td></td><td>提/装货单号</td><td></td></tr>
<tr><td>备　注</td><td colspan="3"></td></tr>
</table>

从填发缴款书之日起限 15 日内缴款（期末遇法定节假日顺延），逾期按日征收税款总额千分之一的滞纳金

附表 4－28　　**出口退税申请书**

退税申请书

<table>
<tr><td colspan="3">申请单位（人）</td><td colspan="3"></td><td>地址</td><td colspan="2"></td></tr>
<tr><td colspan="3">开户银行</td><td colspan="3"></td><td>账号</td><td colspan="2"></td></tr>
<tr><td colspan="7">原交税凭证</td><td colspan="2" rowspan="3">申请退税
金额</td></tr>
<tr><td colspan="3">填发日期</td><td rowspan="2">票证字号</td><td rowspan="2">税别</td><td colspan="2" rowspan="2">税额</td></tr>
<tr><td>年</td><td>月</td><td>日</td></tr>
<tr><td></td><td></td><td></td><td></td><td></td><td colspan="2"></td><td></td><td></td></tr>
<tr><td></td><td></td><td></td><td></td><td></td><td colspan="2"></td><td></td><td></td></tr>
<tr><td></td><td></td><td></td><td></td><td></td><td colspan="2"></td><td></td><td></td></tr>
<tr><td></td><td></td><td></td><td></td><td></td><td colspan="2"></td><td></td><td></td></tr>
<tr><td></td><td></td><td></td><td></td><td></td><td colspan="2"></td><td></td><td></td></tr>
<tr><td></td><td></td><td></td><td></td><td></td><td colspan="2"></td><td></td><td></td></tr>
<tr><td colspan="5">合　计</td><td colspan="2"></td><td></td><td></td></tr>
<tr><td colspan="3">申请退税金额
人民币（大写）</td><td colspan="6"></td></tr>
<tr><td colspan="9">申请退税原因：

申请退税单位（人）：　　　　　　　　经办人：
盖章：　　　　　　　　　　　　　　　年　　月　　日</td></tr>
<tr><td colspan="3">局长审批意见</td><td colspan="2">会计部门
审核意见</td><td colspan="2">税政部门
审核意见</td><td colspan="2">征收单位
审核意见</td></tr>
<tr><td colspan="3"></td><td colspan="2">经办人：
年　月　日</td><td colspan="2">经办人：
年　月　日</td><td colspan="2">经办人：
年　月　日</td></tr>
</table>

附表 4－29　　出口企业退税登记证

出口企业退税登记证

企业名称________________

地　　址________________

企业名称					
地址			电话		
经济性质			主管单位		
经营出口货物范围			经营方式		
资金	固定		职工人数		
	流动				
工商登记证照	名称		企业法人	姓名	职务
	号码		负责人		
	发照日期				
批准开业的有关部门			企业法人负责人		
开户银行和账号			企业财务负责人		
海关编制企业代码			办税人员		
附送件					

	企业名称	地址	负责人
所属非独立核算的分支机构			
变更登记事项			
税务登记证	号码		受理退税税务机关（盖章）
	发证日期		
	经办人		

企业负责人（签字或盖章）

企业盖章

填报日期：　　年　　月　　日

附表 4－30　　　　仲裁申请书

仲裁申请书

申请人：__________

地址：______________　电邮：______________

电话：______________　传真：______________

法定代表人：__________　职务：______________

代理人：__________、__________

（提示：如有两个以上的申请人，请按照上述格式分列第一申请人、第二申请人，依此类推）

被申请人：__________

地址：______________　电邮：______________

电话：______________　传真：______________

法定代表人：__________　职务：__________

代理人：__________、__________

（提示：如有两个以上的被申请人，请按照上述格式分列第一被申请人、第二被申请人，依此类推）

仲裁依据：（仲裁条款或仲裁协议）

仲裁请求：

1.

2.

……

事实与理由：

……

（注：仲裁申请书应附具争议合同、单证等证明材料，这些材料都应按顺序编为附件一、附件二，……在叙述事实和理由时要注明所依据附件的编号。）

指定仲裁员声明：

（我方选定×××为本案仲裁员/或委托仲裁委员会主任指定本案仲裁员。）（提示：该声明可单独出具）

此　致

中国国际经济贸易仲裁委员会××分会

申请人：×××（盖章）

法定代表人：__________（签字）

年　月　日

附表 4－31 **仲裁裁决书**

仲裁裁决书

××××仲裁委员会裁决书

××××裁字第××号　　申诉方：×××

被诉方：×××

案由：

……（双方争议的内容及各自陈述的意见）

查明：……（写明仲裁庭查明的事实和认定的证据）

本会认为：……（写明裁决的理由）。依照……（写明裁决所依据的法律条款项目）之规定，裁决如下：

（一）……

（二）……（写明裁决结果）

（三）本案仲裁费×××元，由×××承担。

本裁决为终局裁决。

首席仲裁员：×××

仲裁员：×××

仲裁员：×××

×年×月×日（印章）

书记员：×××

参考文献

1. 廖力平:《进出口业务与报关(第5版)》,中山大学出版社2006年版。

2. 曹亮、王平:《国际贸易理论与实务》,湖北人民出版社2005年版。

3. 博斌、袁晓娜:《国际贸易理论与案例/高等学校应用型特色规划教材经管系列》,清华大学出版社2007年版。

4. 苏宗祥、景乃权、张林森:《国际结算(第三版)》,中国金融出版社2004年版。

5. 吴百福、徐小薇:《进出口贸易实务教程(第五版)》,上海人民出版社2007年版。

6. 舒红、徐丰、吴百福:《国际贸易结算实务(第四版)》,中国商务出版社2007年版。

7. 屈韬:《外贸单证处理技巧:第三次修订本——精练·实用·与国际惯例对接》,中国海关出版社2008年版。

8. 吴国新,李元旭:《国际贸易单证实务》,清华大学出版社2008年版。

后　记

广东商学院经济管理实验教学中心已经连续几年开展了校内企业仿真综合实习，创造性地构建了一整套较为完善的实习项目体系。其中，进出口业务是2008年新加入的实习模块，将整个实习向国际业务扩展，对国际贸易、国际商务专业的学生具有非常强的针对性。

本书根据企业仿真综合实习的需要，紧密结合现实，对进出口业务进行了详细描述。初稿完成后，还借鉴了本届学生的实际实习情况，对本书的实验步骤进行了调整，使其更适用于仿真综合实习。

除去理论部分，本书的仿真模拟内容具有较大的创新性和实操性，因此在整个写作过程中，我和两位同事对进出口仿真模拟业务的分析和编写花费了长达一年的时间。本书的第一章至第四章由陈燕编写，第五章至第八章由刘娟编写，第九章至第十二章由我编写。其中，刘娟搜集提供了本书大部分的案例，精心筛选了适合本书的理论；我则对进出口业务各环节的实验步骤进行了反复推敲和编排，同时整理了大量实习需要的进出口单证。在此，由衷地感谢刘娟和陈燕的辛勤付出。同时，我也得到了经济管理实验教学中心多位领导和老师的热心帮助，感谢曾小彬校长对本书一直以来的关心和支持，感谢中心的任晓阳主任和刘良惠副主任多次提出的建设性意见，赵小宁老师的生产企业仿真综合实习教程也给本书提供了很多的思路和借鉴。最后，还要感谢09届参加仿真综合实习的国际商务专业的学生，我从他们的实习过程中获得了很多有用的意见和信息。

由于本书没有前人的借鉴，因此不免存在一些错漏和业务安排不当的情况，欢迎各位专家学者、教师、学生指正。衷心希望本书能够帮助国际贸易专业的教师和学生开展进出口业务仿真实习课程，提高专业教学质量，增强学习兴趣。

郑　路

2009年10月于广州